忘れられないパン「たま木亭」

基本の生地とバリエーション

玉木 潤

柴田書店

はじめに

　当時8歳の娘が言いました——「お父ちゃんのフランスパン、ワインに合うなぁ」。真剣な顔で語る娘。"フランスパンにはワイン"という一般的な定義が、8歳の娘に情報として備わり、建前でしゃべらせたのです。しかし実際は、日常のなかで、生活に追われているなかで、フランスパンとワインが食卓に並ぶのは特別な日。私はこう思っています。ふだんの食卓にパンがある——背伸びをせず、それでいい、と。

　なぜこんな話を冒頭でするのかというと、本書にも関わってくるからです。本書には、シンプルな生地からバリエーションとして派生させたパンが数多く登場します。頁をめくってみるとわかっていただけると思いますが、その大半が日常的に用いられる素材を利用し、私なりに考えたつくり方で一つの商品に仕上げたもの。そこにリアリティがあるからこそ、食べる側（お客さま）の共鳴を呼び、人々の記憶に残るのではないでしょうか。

　一つのパンを完成させるには、材料の選択からはじまり、工程を決めていきますが、そうした作業の基本となるのは、「そのパンをどうイメージしているか」に尽きます。クラストはどうしたいのか（→サクい、やわらかい、固い、薄い、厚い、色が薄い、色が濃い etc.）、クラムはどうしたいのか（→保水性、色調、風味、食感、自然な甘み、発酵臭）、そしてパンのボリューム感、バリエーションなら合わせる素材、最後に口の中でどういう旨みを生むかをイメージするのです。そうしたイメージをするうえでは、食べる側（お客さま）の年齢や性別などを踏まえつつ、いかに喜んでもらえるかを考えることが欠かせません。

Contents

- P6　粉について
- P7　ルヴァン・シェフとイーストについて
- P8　フィリングなどのレシピと副素材について
- P9　本書レシピの注意点

基本の生地とその変化形

- P10　パン・ド・カンパーニュ
- P14　ブール・ド・ミエル
  - 和マイス
  - バゲット・カンパーニュ
  - パン・ド・ロデヴ

- P18　貼り付けクーニャマン
- P22　ざぶとん
  - ぶぶあられ
  - クロッカン

- P26　ブリオッシュ
- P30　カンパーニュのブリオッシュオレンジ包み
  - 黒糖キャラメルシフォン
  - 長崎ブリオッシュ

- P34　ブリオッシュ進化形
- P38　黒豆のミイラ
  - 練乳バタークリームサンド
  - クロッカン・ブリオッシュのせ
  - ベラベッカ・マカロナーゼ

- P44　バゲット
- P48　クロッカンのガレット
  - もち大納言
  - 折り込まないクーニャマン

- P52　パート・オートリーズ・バゲット
- P56　チャバタ
  - カマンベール・タバチェ
  - カソナードのバターバンズ
  - 練り込みオレンジ・チョコ包み

P60　たま木亭の厨房

P62　高たんぱくのパン
P66　イチゴとホワイトチョコ
　　　レーズンとイチジク キャラメルソース
　　　黒豆

P70　ハードトースト
P74　朝のパン
　　　ドイツ風ベーコンパン アマニのせ
　　　オランダのパン
　　　青ネギ・カマンベール

P78　田舎風パン・ド・ミ
P82　しょうゆバターロール
　　　ゆずこしょうじゃが
　　　岩塩パン
　　　一休

P86　パン・コンプレ
P90　コンプレ・ヤマ
　　　コンプレ・アンドール
　　　ガレット・コンプレ

P94　生地の派生は無限

P96　ハチミツと全粒粉のじゃがいもパン
P100　3種のチーズのガレット
　　　チョリソーの揚げパン
　　　じゃがいもクリームパン
　　　ちぎりパン

P104　ほうじ茶パン
P108　揚げおもちチョコレート
　　　クリームチーズ×ダッチトッピング
　　　ほうじ茶のボストーク
　　　ほうじ茶のこげパン

粉について

本書では下記の粉を使用し、数種類を組み合わせてめざす味、食感のパンに仕上げています。このうち、生地をゆっくりねかせるとこうばしさと旨みが出る「リスドオル」と、クラストが歯切れよく焼き上がる「テロワール ピュール」はおもにハード系パンに使用。グルテンがしっかりとつながり、口溶けよく仕上がる「ビリオン」は、ハードトーストからブリオッシュまでさまざまなパンに使います。また、適度な雑味がありながらも、味と香りがマイルドな石臼挽きの「グリストミル」は、パン・ド・カンパーニュなどのハード系パンや田舎風パン・ド・ミの風味づけに使用。小麦デンプンを糊化させて粉末状にした「アルファフラワーP」は、グルテンの力を弱めて歯切れよく仕上げたいときに配合します。同じ銘柄であっても年間を通してみるとコンディションは微妙に変化するため、粉の配合や吸水、モルトの量などを適宜調整してめざす味に仕上げることが大切です。

〈本書で使う粉〉

- フランスパン用粉「リスドオル」
  (日清製粉)／灰分0.45%、たんぱく質10.7%

- フランスパン用粉「テロワール ピュール」
  (日清製粉)／灰分0.53%、たんぱく質9.5%

- 強力粉「ビリオン」
  (日清製粉)／灰分0.41%、たんぱく質12.8%

- 強力粉「キング」
  (日清製粉)／灰分0.49%、たんぱく質14.5%

- 石臼挽き強力粉「グリストミル」
  (日本製粉)

- 全粒粉「キタノカオリT110」
  (アグリシステム)／灰分1.24%、たんぱく質13.5%

- ライ麦全粒粉「特キリン」
  (日本製粉)

- $α$化小麦粉「アルファフラワーP」
  (フレッシュ・フード・サービス)

ルヴァン・シェフとイースト について

本書では、ビタミンC無添加のセミドライイースト、純粋培養した酵母を圧縮した生イースト、自家製のルヴァン・シェフを発酵材料として使用しています。セミドライイーストは、インスタントドライイーストに比べ、生地がなめらかで風味よく仕上がることから、ハード系パンや食パンなどに幅広く活用。ブリオッシュなどのリッチな生地には、糖分を分解する力が強い生イーストを用いています。一方、ルヴァン・シェフは、独特の香りや旨みを生かす目的でパン・ド・カンパーニュなどに加えるほか、生地のpHを下げ、熟成を促進して口溶けよく仕上げるための生地改良剤的な使い方もしています。

〈ルヴァン・シェフの起こし方〉 つくりやすい分量

1　全粒粉「スーパーファインハード」（日清製粉）600gと水600gを縦型ミキサーで低速で5分こねる。こね上げ温度は22℃。室温（28℃、以下同）に24時間おく。

2　①でつくった種300g、フランスパン用粉「リスドオル」（日清製粉）300g、水75gを低速で5分こねる。こね上げ温度は22℃。室温に24時間おく。

3　②でつくった種300g、リスドオル300g、水150gを低速で5分こねる。こね上げ温度は22℃。室温に12時間おく。

4　③でつくった種300g、リスドオル300g、水140gを低速で5分こねる。こね上げ温度は22℃。室温に12時間おく。できた種をベースに、この工程をさらに2回行って、ルヴァン・シェフの完成。

〈本書で使うイースト〉

● セミドライイースト（サフ／赤）

● 生イースト（オリエンタル酵母工業／レギュラー）

フィリングなどのレシピと副素材について

〈アーモンドクリームのつくり方〉 つくりやすい分量

ミキサーボウルにアーモンドパウダー、グラニュー糖、バター、全卵各1kg、ラム酒少量を入れ、もったりと重たい状態になるまで縦型ミキサーで撹拌する。

〈カスタードクリームのつくり方〉 つくりやすい分量

ボウルに卵黄12個分、グラニュー糖300gを入れ、白っぽくなるまで泡立て器ですり混ぜ、薄力粉100gを加え混ぜる（A）。鍋に牛乳1ℓとバニラビーンズ1本（種を取り出し、サヤも使う）を入れて沸かし、沸いたらバニラビーンズのサヤを取り出す（B）。Bの少量をAに加えて溶きのばし、これを残りのBが入った鍋に戻し入れ、中火にかけて木ベラで混ぜながらもったりと重たくなるまで炊く。

〈ラムシロップのつくり方〉 つくりやすい分量

鍋にラム酒300g、上白糖1.8kg、水1.5kgを入れて強火にかけ、沸騰したら弱火にして5分煮る。

〈キャラメルソースのつくり方〉 つくりやすい分量

鍋にグラニュー糖500gを入れ、水適量（グラニュー糖がどろどろとした状態からちょうどさらさらになるくらいの量が目安）、レモン果汁小さじ1を加えて混ぜる。強火にかけて、絶えず泡立て器でかき混ぜ、アメ色になってきたら火を止めて、生クリーム250g（タカナシ乳業「スーパーフレッシュ45」／乳脂肪分45％）のうちの少量を加える。一度沸いたら残りの生クリームと、「カフェフレッシュ」（タカナシ乳業）250gをそそぎ入れて混ぜ合わせる。

〈ドライイチジク、レーズンのラム酒漬けについて〉

ドライイチジクとレーズンはそれぞれ水洗いし、水けをしっかりときる。ドライイチジクは4分の1の大きさに切り、レーズンはそのままの状態で、それぞれラム酒に約1週間漬ける。汁けをきって使用する。

〈オレンジピールについて〉

たま木亭では、強い香りが特徴の、陳皮のようなセミドライのオレンジピールを使用。シロップ漬けではなく、甘さは控えめ。同店では一度水洗いをし、水けをしっかりきってから細かくきざんで使っている。市販の陳皮をグラン・マルニエに1晩漬けて汁けをきったものを用いてもよい。

〈ダークチョコレート、ホワイトチョコレートについて〉

それぞれコイン状のものを使う。

〈ぶぶあられについて〉

茶漬け用の塩けのあるぶぶあられを使う。ほどよい塩けが味のアクセントになる。

本書レシピの注意点

- 配合量は原則的に重量とベーカーズパーセントを併記しています。ベーカーズパーセントの数値は粉（小麦粉、ライ麦全粒粉など）の合計量を100%としたときの比率を表します。

- 小麦粉やライ麦粉は同じ銘柄のものでも、ロットや時期によって状態が変わることがあります。状態に合わせて配合や水分量を適宜調整してください。

- バターは基本、無塩バターを使っています。有塩の場合のみ「有塩バター」と表記しています。

- レシピ中に「室温」と表記されている場合は、26〜28℃（湿度は65〜70%）を意味します。

- 生地を扱うときは、必要に応じて手に小麦粉をつけたり（手粉）、作業台や生地に小麦粉をふったり（打ち粉）してください。本書ではとくに記述がない場合、手粉や打ち粉には基本的に強力粉を使用しています。

- 発酵やベンチタイムなど生地をしばらくおく際は、適宜、ビニールでおおったり、ばんじゅうに入れてふたをするなどしてください。

- ミキシングの速度や時間、発酵、ベンチタイム、焼成の温度や時間は、生地の量、厨房の温度や湿度、ミキサーやオーブンの機種によって変わります。本書の数値はあくまでも目安です。適宜調整してください。

パン・ド・カンパーニュ

― 基本の生地 ―

ルヴァン独自の風味がきちんとしながらも、酸臭、酸味ともにバランスのよい、食べやすいカンパーニュを追求しました。加水率は95％と高く、しっとりとして重すぎない口溶けも特徴。デリケートな生地なので慎重に扱ってください。ミキシングの際にこねすぎるとゴムみたいになって、食感の固い団子のようになります。それと同時に空気を抱き込みすぎて酸化も進んでしまい、粉由来の風味のよさが感じられなくなってしまいます。生地をさわりすぎず、ミキシングや発酵時の生地の状態をしっかりと見極めることがカギとなります。

パン・ド・カンパーニュ
〈基本の生地〉

〈材料〉粉5kg仕込み

[ルヴァン中種]
フランスパン用粉「リスドオル」	425g / 8.5%
石臼挽き強力粉「グリストミル」	250g / 5%
ライ麦全粒粉「特キリン」	250g / 5%
ルヴァン・シェフ（P7）	425g / 8.5%
水	425g / 8.5%

[本生地]
ルヴァン中種	上記より全量
フランスパン用粉「リスドオル」	2.2kg / 44%
石臼挽き強力粉「グリストミル」	1.5kg / 30%
ライ麦全粒粉「特キリン」	375g / 7.5%
セミドライイースト	7.5g / 0.15%
モルトシロップ	10g / 0.2%
塩	115g / 2.3%
ビタミンC（1%水溶液）	10g / 0.2%
水A	2.95kg / 59%
水B	1.375kg / 27.5%

〈工程〉

▼ ルヴァン中種を仕込む
　縦型ミキサー・低速5分 ▶ こね上げ18〜20℃ ▶
　0℃で18〜24時間

▼ 本生地のミキシング
　水B以外の材料をすべてミキサーボウルに投入 ▶
　スパイラルミキサー・低速7〜8分 ▶
　高速2〜3分 ▶ 足し水（水B）をしながら
　低速5〜6分 ▶ 高速2〜3分 ▶ こね上げ22℃

▼ 発酵・パンチ
　室温・20分 ▶ パンチ ▶ 室温・20分 ▶ パンチ ▶
　室温・10分 ▶ 0℃・1〜2晩

▼ 分割・丸め
　650g

▼ ベンチタイム
　室温・1時間＋室温・30分

▼ 成形
　フォンデュ形・バヌトン型

▼ 最終発酵
　30℃・湿度65%のホイロ・2時間30分

▼ 焼成
　スチーム1回・上火270℃・下火245℃で15分 ▶
　上火226℃・下火215℃で35分

〈つくり方〉

ルヴァン中種を仕込む

1　材料をすべてミキサーボウルに入れ、縦型ミキサーで低速で5分こねる。こね上げ温度は18〜20℃。その後、0℃の冷蔵庫に18〜24時間おく。

本生地のミキシング

2　水B以外の材料をすべてミキサーボウルに入れ、スパイラルミキサーで低速で7〜8分こねる。生地がまとまってきたら高速で2〜3分こねる。

3　低速にして水Bを加えながら（足し水）5〜6分、さらに高速に切り替えて2〜3分こねる。生地がフックによくからんでくるようになったらこね上がり。ここでこねすぎないこと。こね上げ温度は22℃。ばんじゅうに移す。

発酵・パンチ

4　生地を室温に20分おいたのち、数回折りたたむ（パンチ）。これを2回行う。次第にコシが出てくる。

だらっとしていた生地が

次第に張りのある手ざわりに変わる

冷蔵発酵前の生地

5 　④を室温に10分おいたのち、0℃の冷蔵庫に1〜2晩おく。

分割・丸め

6 　⑤を650gに分割し、丸める。

ベンチタイム

7 　室温に1時間おく。

ベンチタイムを1時間
とったあとの生地

8 　⑦をバヌトン型（内径13×30cm）に入れやすいよう、なまこ形にととのえ、室温に30分おく。

成形

9 　生地の中央が平らになるように麺棒でしっかりと押さえ、麺棒を置いたまま奥側にサラダ油（分量外）をぬる。

くっつきやすい生地を
焼成前にうまく離すため
サラダ油をぬる

10 　麺棒をはずして手前から奥に折りたたみ、ライ麦粉（分量外）をたっぷりふっておいたバヌトン型にとじ目を下にして入れる。

最終発酵前の生地

最終発酵

11 　30℃・湿度65％のホイロに2時間30分おく。

最終発酵後の生地

焼成

12 　バヌトン型から取り出す。中央がきれいに割れた状態で、割れ目を上にして天板にのせ、オーブンに移す。スチームを1回入れ、上火270℃・下火245℃で15分焼き、さらに上火226℃・下火215℃に下げて35分焼成する。

パン・ド・カンパーニュの変化形

A. ブール・ド・ミエル（中央）

焼いたカンパーニュをシロップに浸して、カンパーニュ生地で薄くおおって焼くと、中のカンパーニュは蒸し焼きにされてむっちりとした独特の歯ごたえに。ルヴァンの風味によく合うハチミツを挟み、スポンジ生地も挟むことで、どこか懐かしい感じの甘みもプラスしました。

B. 和マイス（上2点）

粉末醤油を練り込んだバターと、コーンを折り込んで、「焼きとうもろこし」のこうばしさを思わせる仕立てにしました。たっぷりと折り込んだ醤油バターが焼成中にあふれ出すことで、クラストは揚げ焼きされ、ガリッとした食感に仕上がります。

C. バゲット・カンパーニュ（右）

幅5×長さ50cmと細長く焼くことで、さくみが生まれます。しっとりとしたクラムは野菜やハムなどの具材となじみがよいので、カスクルートに向いています。

D. パン・ド・ロデヴ（左下）

クラムに縦長の大きな気泡がランダムに入っている状態が理想的な仕上がり。そのためには、パンチ、分割、成形の際に生地をさわりすぎないことが大切です。

パン・ド・カンパーニュ〈変化形〉

A. ブール・ド・ミエル

焼いたパンを生地で包む

〈材料〉5個分

パン・ド・カンパーニュ生地（P10〜／発酵・パンチ後の生地）	400g
ブール・ド・カンパーニュ*	5個
ラムシロップ（P8）	450g
スポンジ生地	100g
ハチミツ	60g

＊パン・ド・カンパーニュ生地（P10〜）の「分割・丸め」の工程の際に1個50gずつに分割して丸め、30℃・湿度75%のホイロで1時間10分最終発酵させる。クープを十文字に入れ、上火260℃・下火230℃で20分焼成する。

〈工程〉

▼ 分割・丸め（80g）

▼ ベンチタイム（室温・30分）

▼ 成形

▼ 最終発酵（30℃・湿度75%のホイロ・1時間20分）

▼ 焼成（表面5ヵ所に小さな穴をあける ▶ スチーム1回・上火255℃・下火230℃で25分）

Check 1　成形

ブール・ド・カンパーニュに横から切り込みを入れて開く。ボウルに入ったラムシロップに浸し、手で押さえてシロップ90gを吸わせる。断面の片面にスポンジ生地20g、ハチミツ12gをのせて、もう一方の断面でふたをする。この上から、手のひらで押さえて平らにしたパン・ド・カンパーニュ生地80gをかぶせて包む。とじ目を下にして、天板に並べる。

焼いたカンパーニュにスポンジ生地などを挟み
▼
生地で包み込む

B. 和マイス

コーン×醤油バターを折り込む

〈材料〉95個分

パン・ド・カンパーニュ生地（P10〜／ミキシング終了直後の生地）	2kg
コーン	500g
醤油バター*	350g

＊バター450g（つくりやすい分量、以下同）と醤油パウダー「粉末醤油-3A」（仙波糖化工業）12gを卓上ミキサーで混ぜ合わせ、2〜3cmほどの厚みに平らにのばし、冷蔵庫で冷やし固める。2〜3cm角ほどの大きさに切っておく。

〈工程〉

▼ コーンの折り込み・1次発酵・パンチ（ミキシング終了直後の生地に、コーンを2回に分けて加え、そのつど3つ折り ▶ 室温・20分 ▶ パンチ ▶ 室温・20分 ▶ パンチ ▶ 室温・10分 ▶ 0℃・1〜2晩）

▼ 醤油バターの折り込み・パンチ

▼ 2次発酵・パンチ（室温・30分 ▶ パンチ ▶ 長方形にととのえる ▶ 室温・30分）

▼ 分割・成形（30g）

▼ 最終発酵（30℃・湿度75%のホイロ・1時間）

▼ 焼成（250℃で20分空焼きした天板にのせて生地の対角線上にクープを1本入れ、上火270℃・下火250℃のオーブンに入れる ▶ スチーム1回・上火250℃・下火225℃で18分）

Check 1　醤油バターの折り込み・パンチ

醤油バターの半量をパン・ド・カンパーニュ生地の中央にのせて3つ折りにし、上から軽く押さえる（パンチ）。これを2回行う。

Check 2　分割・成形

スケッパーで30gずつ、正方形に分割する。これが成形となる。

C. バゲット・カンパーニュ

細身に成形して
さくみを出す

〈材料〉 6個分

パン・ド・カンパーニュ生地
（P10～／発酵・パンチ後の生地）……… 1.8kg

〈工程〉

▼ 復温（1～2晩冷蔵した発酵・パンチ後の生地を、中心温度が15℃になるまで室温におく）

▼ 分割・丸め（300g）

▼ ベンチタイム（室温・40分）

▼ 成形

▼ 最終発酵（30℃・湿度75%のホイロ・45分）

▼ 焼成（クープ6本 ▶ スチーム1回・上火250℃・下火230℃で25分）

Check 1　成形

パン・ド・カンパーニュ生地を上から軽く押さえてガスを抜き、手前と奥から4分の1ずつ順に折り、とじ目を指で押さえる。さらにそれを半分に折り、とじ目を下にして転がし、幅5×長さ50cmの棒状にする。転がす際は、手のひらのつけ根と指先に生地をリズミカルにあてながら、生地を中央から両端に向かってのばすこと。

ベンチタイム後の生地

とじ目を下にして、転がす

D. パン・ド・ロデヴ

切りっぱなしで
縦長の気泡に

〈材料〉 6個分

パン・ド・カンパーニュ生地
（P10～／発酵・パンチ後の生地）……… 2.4kg

〈工程〉

▼ 復温・パンチ・2次発酵（1～2晩冷蔵した発酵・パンチ後の生地を、中心温度が15℃になるまで室温におく ▶ パンチ ▶ 室温・30～40分）

▼ 分割・成形（400g）

▼ 最終発酵（30℃・湿度75%のホイロ・1時間10分）

▼ 焼成（十文字にクープ ▶ 上火270℃・下火250℃のオーブンに入れる ▶ スチーム1回・上火240℃・下火220℃で32～33分）

Check 1　分割・成形

パン・ド・カンパーニュ生地をカードで400gずつ正方形に分割する。これが成形となる。

貼り付けクーニャマン

― 基本の生地 ―

一見、普通のクーニャマンですが、裏返すと、こうばしく焼けたカンパーニュ生地が現れます。バターと砂糖が溶け合い、つややかで透明感のある状態になるまでじっくりとキャラメリゼされた表面は、バリンと鋭利にくだけちる食感。貼り付けたカンパーニュは薄いながらも、しっかり固い、バリバリッとした歯ごたえです。焼きが足りないと力強い食感は出せません。低い温度でじっくりと火を入れて、水分をとばすこと。また、クーニャマン生地はざっくり混ぜ合わせるのもポイント。ガシッと"男らしい"クーニャマンです。

貼り付けクーニャマン
〈基本の生地〉

〈材料〉粉1kg仕込み

A ┌ フランスパン用粉「リスドオル」‥ 1kg / 100%
  │ 生イースト ‥‥‥‥‥‥‥‥‥‥ 50g / 5%
  │ 塩 ‥‥‥‥‥‥‥‥‥‥‥‥‥ 20g / 2%
  └ 水 ‥‥‥‥‥‥‥‥‥‥‥‥‥ 490g / 49%
バター*1（折り込み用） ‥‥‥‥ 500g / 対生地約32%
グラニュー糖（折り込み用）‥‥ 300g / 対生地19%
パン・ド・カンパーニュ生地*2（貼り付け用）
‥‥‥‥‥‥‥‥‥‥‥‥‥‥‥‥‥‥‥ 300g

*1 冷たい状態のバターを麺棒でたたいてのばし、23×30cm、厚さ5mm程度の長方形にととのえて冷やしておく。
*2 P10〜のパン・ド・カンパーニュ生地。発酵・パンチまで行ったもの。

〈工程〉

▼ ミキシング
　縦型ミキサー・低速3分 ▶ こね上げ22〜24℃

▼ 発酵
　室温・20分 ▶ 0℃・1晩

▼ 折り込み・貼り付け
　バターを包む ▶ 3つ折り2回 ▶ 冷凍・30〜40分 ▶
　グラニュー糖を広げながら3つ折り1回 ▶
　冷凍・10分 ▶ パン・ド・カンパーニュ生地を
　貼り付ける ▶ 冷凍・20分 ▶ 厚さ3.5mmにのばす

▼ 成形
　1辺11cmの正方形 ▶ グラニュー糖を包む
　▶ 直径8.5×深さ1cmの型

▼ 最終発酵
　30℃・湿度75%のホイロ・1時間30分

▼ 焼成
　中央に小さな穴を1ヵ所あける ▶
　160℃のコンベクションオーブンで35〜40分

〈つくり方〉

ミキシング

1　Aの材料をすべてミキサーボウルに入れ、縦型ミキサーで低速で3分こねる。ザクザクとした食感をめざすため、ここでこねすぎないこと。こね上げ温度は22〜24℃。

ざっくりとまとまればOK

発酵

2　生地を室温に20分おいたのち、0℃の冷蔵庫に1晩おく。その後、シーターにかけやすいように適当な大きさに麺棒でのばす。

折り込み

3　生地を軽くシーターにかけ、バターをのせて包む。シーターにかけて3つ折りを2回行い、冷凍庫に30〜40分おく。さらにグラニュー糖を広げながら3つ折りを1回行い、冷凍庫に10分おく。

バターを生地の中央にのせ、両端から生地を折りたたんで包む

シーターにかけて3つ折りに。これを2回行う。冷凍後、シーターにかけて軽く3つ折りにし、折り目をつけて生地を広げる
▼

2本の折り目に挟まれた部分に霧吹きで水を吹き付ける
▼

ここに半量のグラニュー糖を均一に広げる
▼
生地の3分の1を折りたたんで
▼
その上に霧吹きで水を吹き付け、残りのグラニュー糖を広げる
▼
残りの3分の1の生地を折る

貼り付け

4 　冷凍庫から取り出した生地に、発酵・パンチ後のパン・ド・カンパーニュ生地を貼り付ける。その後、冷凍庫に20分おく。シーターで厚さ3.5mmにのばす。

カンパーニュ生地をのせ、四隅に貼り付ける
▼
手で均一の厚さにのばし、貼り付けていく
▼
貼り付け完了

成形

5 　のばした生地を1辺11cmの正方形に切り、クーニャマン生地の側に霧吹きで水を吹き付け、グラニュー糖（適量、分量外）をまんべんなくまぶす。グラニュー糖を包み込むように四隅を中央に折り、バター（適量、分量外）をぬった直径8.5×深さ1cmの型にとじ目を下にして並べる。

グラニュー糖をまぶした面が内側になるよう、四隅を中央に集めてとじる

最終発酵

6 　型に並べたまま、30℃・湿度75%のホイロで1時間30分発酵させる。

焼成

7 　生地の中央に小さな穴を1ヵ所あけ、160℃のコンベクションオーブンで35～40分焼成する。

最終発酵後の生地。中央に穴を1ヵ所あける
▼

焼き上がりを裏返したところ。濃いカラメル色

焼き上がりの表面（提供時はこちらが裏になる）。しっかり濃い焼き色をつける

貼り付けクーニャマンの変化形

A. ざぶとん（右上）

ラムシロップに浸した細長いパン・ド・カンパーニュに黒豆鹿の子とアーモンドクリームを挟み、それを貼り付けクーニャマン生地でひと巻き。中のカンパーニュの焼成は、薄い焼き色にとどめておくことで、あとで貼り付けクーニャマン生地を巻いて焼いたときに、もっちりとした一体感のある食感に仕上がります。

B. ぶぶあられ（左上）

クーニャマンのバターの風味と甘みに、塩けのあるぶぶあられがよく合います。パンというより、せんべいのよう。お茶菓子にもぴったりです。

C. クロッカン（下）

クーニャマン生地を8mm角に切って型に詰め、濃い色になるまでしっかりと焼き込み、粉由来の風味をいっそう際立たせています。

―― 貼り付けクーニャマン
〈変化形〉

A. ざぶとん
カンパーニュを生地で巻く

〈材料〉6個分

バトン・カンパーニュ*	3本
ラムシロップ（P8）	適量
黒豆鹿の子	60粒
アーモンドクリーム（P8）	90g
貼り付けクーニャマン生地（P18〜／クーニャマン生地にパン・ド・カンパーニュ生地を貼り付け、厚さ3.5mmにのばし、1辺11cmの正方形に切った生地）	6枚

*パン・ド・カンパーニュ生地（P10〜）の「分割・丸め」の工程の際に1個60gに分割して丸め、室温に30分おく。それを長さ約25cmの棒状にし、30℃・湿度75%のホイロで1時間最終発酵させ、上火260℃・下火220℃で12分、焼き色は浅めに焼成する。

〈工程〉

▼ 成形（クープ4本）
▼ 最終発酵（30℃・湿度75%のホイロ・1時間10分）
▼ 焼成（160℃のコンベクションオーブンで30分）

Check 1　成形

焼き上げたバトン・カンパーニュを半分の長さに切る。さらに切り込みを入れ、開いてラムシロップをしみ込ませる。

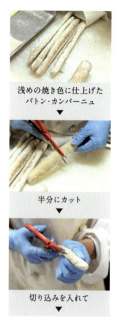

浅めの焼き色に仕上げたバトン・カンパーニュ
▼
半分にカット
▼
切り込みを入れて
▼

黒豆鹿の子とアーモンドクリームを挟み、貼り付けクーニャマン生地をくるりと巻いて、クープを4本入れる。

開く
▼

ラムシロップに浸し、押さえてしみ込ませる
▼

切り口に黒豆鹿の子を10粒ずつのせ、アーモンドクリーム15gをぬる（A）
▼

貼り付けクーニャマン生地を麺棒で約13×11cmの長方形にのばす
▼

カンパーニュを貼り付けていない面の真ん中にAを置き、ひと巻きに
▼

巻き終わりを下にして天板に並べる
▼

表面にクープを4本入れる

B. ぶぶあられ
巻いて、のばして
せんべい風に

〈材料〉33個分

クーニャマン生地（P18～／折り込み後、パン・ド・カンパーニュ生地を貼り付けずに厚さ3.5mmにのばした生地）
　　　　　　　　　　　　　　　　　　　　　　1.5kg
ぶぶあられ（P8）　　　　　　　　　　　　　　適量

〈工程〉

▼ 成形
▼ 最終発酵（30℃・湿度70％のホイロ・1時間15分）
▼ 焼成（160℃のコンベクションオーブンで32分）

Check 1　成形

クーニャマン生地を巻き上げて棒状にし、幅約2cmに切り分ける。麺棒で平らにのばし、霧吹きで水を吹き付けてぶぶあられをまぶす。あられの面を下にして最終発酵、焼成に進む。

軸をつくるように
手前から巻く
▼

幅約2cmにカット。
1個約45g
▼

断面を上下にし、長さ13cm
ほどの楕円形にのばす

C. クロッカン
しっかり焼き込み、
力強い食感に

〈材料〉40個分

クーニャマン生地（P18～／折り込み後、パン・ド・カンパーニュ生地を貼り付けずに厚さ3.5mmにのばした生地）
　　　　　　　　　　　　　　　　　　　　　約2.4kg
ローストクルミ　　　　　　　　　　　　　　420g
グラニュー糖　　　　　　　　　　　　　　　適量
ザラメ糖　　　　　　　　　　　　　　　　　適量

〈工程〉

▼ 成形
▼ 最終発酵（30℃・湿度70％のホイロ・1時間30分）
▼ 仕上げ・焼成（ザラメ糖を適量ちらす ▶ 160℃のコンベクションオーブンで32分）

Check 1　成形

クーニャマン生地を8mm角に切り、ローストクルミを合わせる。バター（適量、分量外）をぬった直径8.5×深さ1cmの型に詰め、グラニュー糖をちらす。

カットした生地と
クルミをカードで
すくうようにして
合わせる
▼

型に軽く押し込む
ように70gずつ詰める
▼

生地の縁に沿って
グラニュー糖を
約6つまみずつちらす

ブリオッシュ

― 基本の生地 ―

たま木亭では、ブリオッシュを"お菓子的なもの"として考えています。砂糖を多めに、卵白を控えめに配合し、濃厚で、しっとりとして、時間が経ってもパサつきにくい生地をめざしました。本生地には、中種のほかに、グルテンがしっかりとできる強力粉「ビリオン」を使用。ミキシング時間を長めにすることで、やわらかな食感になります。軽やかながら、かさつきやすいようなブリオッシュに比べ、老化を遅らせることができました。仕上げにバタークリームを埋め込み、ホイップクリームをたっぷりとぬって、しっかりとリッチな"お菓子"に仕上げています。

ブリオッシュ
〈基本の生地〉

〈材料〉粉3kg仕込み

[中種]
強力粉「キング」	1.5kg	50%
生イースト	60g	2%
水	750g	25%

[本生地]
中種	上記より全量	
強力粉「ビリオン」	1.5kg	50%
生イースト	60g	2%
牛乳	660g	22%
全卵	750g	25%
卵黄	300g	10%
塩	30g	1%
上白糖	600g	20%
バター*1	900g	30%
シナモンシュガー*2	適量	
バタークリーム*3	適量	
ホイップクリーム*4	適量	

*1 室温にもどす。
*2 グラニュー糖とシナモンパウダーを3対1の割合で混ぜ合わせる。
*3 バター675g（つくりやすい分量、以下同）とグラニュー糖450gを混ぜ合わせる。よく冷やしておく。
*4 生クリーム（タカナシ乳業「スーパーフレッシュ45」／乳脂肪分45%）と「カフェフレッシュ」（タカナシ乳業）を同割で合わせ、8分立てにする。

〈工程〉

▼ 中種を仕込む
　縦型ミキサー・低速4分 ▶ こね上げ24℃ ▶
　5℃・1晩

▼ 本生地のミキシング
　バター以外の材料をすべてミキサーボウルに投入 ▶
　スパイラルミキサー・低速2分 ▶ 中速15分 ▶
　高速5分 ▶ バターを投入 ▶ 低速2分 ▶
　高速3分 ▶ こね上げ24℃

▼ 分割・丸め
　150g

▼ 冷蔵
　5℃・1晩

▼ 成形
　直径15cmの円形

▼ 最終発酵
　32℃・湿度70%のホイロ・50分

▼ 仕上げ・焼成
　シナモンシュガーをかけ、
　バタークリームを埋め込む ▶ 上火230℃・
　下火220℃で9分 ▶ ホイップクリームをぬる ▶
　上火230℃・下火220℃で4分

〈つくり方〉

中種を仕込む

1　材料をすべてミキサーボウルに入れ、縦型ミキサーで低速で4分こねる。こね上げ温度は24℃。その後、5℃の冷蔵庫に1晩おく。

冷蔵庫に1晩おいた中種

本生地のミキシング

2　バター以外の材料をすべてミキサーボウルに入れ、スパイラルミキサーで低速で2分こねてある程度なじませる。さらに中速で15分、高速で5分こね、バターを投入する。低速に戻して2分、高速で3分こねる。ミキシングの終盤は生地がボウルにくっつくため、カードで適宜はがしながらミキシングする。こね上げ温度は24℃。

バターを入れる直前。長めのミキシングを経て、しっかりと骨格ができた状態

バターを投入

こね上がり。引っ張ると、弾力のある生地がしなやかによくのびる

分割・丸め・冷蔵

3 150gに分割し、丸める。5℃の冷蔵庫に1晩おく。

冷蔵後の生地（手前が150gの生地）

成形

4 生地を手のひらで押さえて平らにし、麺棒で直径15cmの円形にのばす。

生地は、冷蔵庫から出してすぐの冷たい状態から成形する
▼
天板に並べてホイロへ

最終発酵

5 32℃・湿度70%のホイロで50分発酵させる。

最終発酵後の生地

仕上げ・焼成

6 最終発酵後の生地に霧吹きで水を吹き付けて湿らせ、シナモンシュガーをたっぷりふり、バタークリームを小さくちぎって10ヵ所ほどに埋め込む。すぐに上火230℃・下火220℃のオーブンに入れ、9分焼成する。オーブンから出してホイップクリームを手ばやくぬり、ふたたびオーブンに入れて上火230℃・下火220℃で4分焼く。

生地の表面が見えなくなるまで、シナモンシュガーをたっぷりふる

バタークリームをちぎり、生地に埋め込む

9分焼いていったんオーブンから取り出し
▼

ホイップクリームをヘラで手ばやくたっぷりぬる
▼

再度4分、しっかりと焼き、こんがり濃い焼き色に仕上げる

ブリオッシュの変化形

A. カンパーニュのブリオッシュオレンジ包み （左奥）

チョコレートとオレンジピールをブリオッシュ生地で包み、さらにパン・ド・カンパーニュ生地で薄く包んで焼きました。パリッとした薄皮の中から、しっとり、ふんわりとしたブリオッシュが現れる仕掛けです。

B. 黒糖キャラメルシフォン （手前）

キャラメルソースをサンドしたブリオッシュと、カリッとした黒糖のマカロンの組合せで、"スイーツ感"を打ち出しました。

C. 長崎ブリオッシュ （右奥）

ブリオッシュ生地でカステラを包んで焼くことで、よりぜいたくな"お菓子"に変身。カステラには水アメがたっぷり入っているため、ブリオッシュ部分もしっとり感がアップ。カステラは洋酒と好相性なので、ラム酒漬けのドライイチジクやレーズンも合わせました。

ブリオッシュ〈変化形〉

A. カンパーニュのブリオッシュオレンジ包み
2種類の生地で層をつくり、内側のふんわり感を際立てる

〈材料〉1個分

ブリオッシュ生地（P26〜／40gに分割して丸め、5℃の冷蔵庫に1晩おいた生地）	40g
ダークチョコレート（P8）	15g
オレンジピール（P8）	15g
パン・ド・カンパーニュ生地（P10〜／50gに分割して丸め、室温に15分おいた生地）	50g

〈工程〉

▼ 成形
▼ 最終発酵（32℃・湿度70%のホイロ・1時間30分）
▼ 焼成（上火240℃・下火240℃で18分）

Check 1　成形

ブリオッシュ生地を冷蔵庫から取り出し、すぐに直径10cmの円形にのばし、ダークチョコレートとオレンジピールを包む。これを、薄くのばしたパン・ド・カンパーニュ生地で包む。

ブリオッシュ生地で具材をたっぷり包み
▼
上からカンパーニュ生地をかぶせ、手ばやく包む

B. 黒糖キャラメルシフォン
キャラメルで口溶けのよい、ケーキのような仕立てに

〈材料〉1個分

ブリオッシュ生地（P26〜／60gに分割して丸め、5℃の冷蔵庫に1晩おいた生地）	60g
黒糖のマカロン生地*	適量
粉糖	適量
キャラメルソース（P8）	大さじ3

*アーモンドパウダー1.15kg（つくりやすい分量、以下同）、グラニュー糖400g、黒糖パウダー500g、薄力粉135gをボウルに入れてヘラで混ぜ合わせる。卵白400gを加え混ぜ、よく混ざったら卵白200gを加え混ぜる。ヘラですくって落とすと3〜4秒かかってゆっくり落ちるくらいの固さが仕上がりの目安。

〈工程〉

▼ パンチ・成形
▼ 最終発酵（32℃・湿度70%のホイロ・1時間30分）
▼ 焼成・仕上げ（158℃のコンベクションオーブンで14分）

Check 1　パンチ・成形

ブリオッシュ生地を冷蔵庫から取り出し、すぐに手のひらで軽く押し、手ばやく丸める。直径8.5×深さ1cmの型に並べる。

Check 2　焼成・仕上げ

黒糖のマカロン生地を先端を切った絞り袋に入れ、最終発酵後のブリオッシュ生地の上に絞り、粉糖をふる。焼成後、粗熱をとって、横から切り込みを入れ、断面にキャラメルソースを流し入れる。

C. 長崎ブリオッシュ

カステラを包んで
よりしっとり、濃厚に

〈材料〉1個分

ブリオッシュ生地（P26〜／70gに分割して丸め、5℃の
冷蔵庫に1晩おいた生地）………… 70g
カステラ ………… 45g
ドライイチジクのラム酒漬け（P8）………… 20g
レーズンのラム酒漬け（P8）………… 20g

〈工程〉

▼ **成形**
▼ **最終発酵**（32℃・湿度70%のホイロ・1時間）
▼ **焼成**（上火225℃・下火220℃で15分）

Check 1　成形

ブリオッシュ生地を冷蔵庫から取り出し、すぐに円形にのばす。カステラをのせる。

冷蔵後の生地。
冷蔵庫から取り出して
すぐに成形する
▼

麺棒で直径11cmの
円形にのばし
▼

カステラをぎゅっと
押さえるようにしてのせる
▼

さらにドライイチジクとレーズンのラム酒漬けをのせ、手ばやく包む。

ドライイチジクと
レーズンをのせ
▼

生地の端をつまんで
2つ折りに
▼

具材があふれないように
合わせ目を手ばやく
とじる
▼

とじ目を下にして
手で包むようにしながら
転がし
▼

ラグビーボールの
ような形に

ブリオッシュ進化形

― 基本の生地 ―

バターや砂糖をたっぷり使ったリッチなブリオッシュ生地にひと手間加え、焼き菓子のような食感が楽しめる新たな生地へ進化させました。ほろほろとくずれるような食感に仕上げるポイントは、折り込み後の生地をあえてもう一度こねること。適度にグルテンの膜が切れた生地を型に詰めて焼くことで、ソフトで口溶けがよく、かみしめるほどにバターの香りが広がるケイクのようなブリオッシュに仕上がります。"旨みのかたまり"のような生地なので、フルーツやクリームを組み合わせて半生菓子風に仕立てても面白いでしょう。

ブリオッシュ進化形
〈基本の生地〉

〈材料〉

ブリオッシュ生地*1 ………………………… 2kg
バター*2（折り込み用）………… 400g／対生地20%
グラニュー糖（折り込み用）…… 250g／対生地12.5%

*1 P26〜のブリオッシュ生地。本生地のミキシングまで行い、2kgに分割したもの。
*2 冷たい状態のバターを麺棒でたたいてのばし、23×30cm、厚さ5mm程度の長方形にととのえて冷やしておく。

〈工程〉

▼ 発酵
室温・1時間10分 ▶ 5℃・1晩

▼ 折り込み
バターを包む ▶ 4つ折り1回 ▶
グラニュー糖を広げながら4つ折り1回 ▶
厚さ3mmにのばす

▼ ミキシング
スパイラルミキサー・低速1分

▼ 分割
50g

▼ 成形
直径8.5×深さ1cmの型

▼ 焼成
155℃のコンベクションオーブンで40分

〈つくり方〉

発酵

1　ブリオッシュ生地をプラックにのせ、手で押さえて1cmほどの厚さに均一にならす。室温に1時間10分おいたのち、5℃の冷蔵庫に1晩おく。

1晩発酵させた生地

折り込み

2　生地に薄力粉（分量外）をふり、シーターで長さ約50cmにのばし、バターを中央に置いて包む。シーターで厚さ4〜5mmにのばし、4つ折りを1回行う。再度、シーターで生地をのばし、グラニュー糖を半量ずつ2回に分けて広げつつ、4つ折りを1回行う。シーターで厚さ3mmにのばす。

バターを生地の中央にのせ、両端から生地を折りたたんで包む
▼
シーターにかけて4つ折り1回。再度シーターでのばす
▼
生地の中心から左側の半分（生地全体の4分の1の面積）に霧吹きで水を吹き付け、グラニュー糖の半量を均一に広げて生地全体を2つに折る。さらに生地の半分の面積に霧吹きで水を吹き付け、残りのグラニュー糖を均一に広げ、生地全体を2つに折る（4つ折りとなる）
▼

シーターにかけて厚さ3mmにのばす

ミキシング

3 シーターでのばした生地をすぐにミキサーボウルに入れ、スパイラルミキサーで低速で1分ミキシングして生地を切る。

ミキシング完了。グルテンの膜が切れて、ぼそぼそとした状態

分割・成形

4 ミキシングした生地を50gに分割する。バター（適量、分量外）をぬった直径8.5×深さ1cmの型に詰め、10分ほど室温においてなじませる。

型いっぱいにぬり広げるようにして生地を詰める

焼成

5 155℃のコンベクションオーブンで40分焼成する。

しっかり焼き込み、サクサクとした食感とこうばしさを出す

A. 黒豆のミイラ（左）

棒状に焼いた田舎風パン・ド・ミを開いてラムシロップに浸し、ブリオッシュ進化形生地と黒豆鹿の子をサンド。クーニャマン生地をぐるぐる巻き付けて焼きました。カステラのようになめらかなブリオッシュ、しっとりとした田舎風パン・ド・ミ、ザクザクのクーニャマン。3種類の生地の食感の違いを楽しんでほしいパンです。

B. 練乳バタークリームサンド（中央左）

ブリオッシュ進化形生地を薄くのばし、サクッと軽いサブレのような食感に焼き上げました。洋ナシの赤ワイン煮とクルミをトッピングし、練乳風味のバタークリームを挟んだ"フランス風焼き菓子"です。

ブリオッシュ進化形の変化形

C. クロッカン・ブリオッシュのせ（中央右）

クーニャマン生地を細かくカットしてクルミを加えたサクサクのクロッカンに、ケイクのようにふっくら、なめらかなブリオッシュ進化形生地を重ねました。2種類の生地を組み合わせることで、それぞれの風味と食感が際立ちます。

D. ベラベッカ・マカロナーゼ（右）

ワインに漬け込んだドライフルーツとナッツがたっぷり詰まった、フランス・アルザス地方のクリスマス菓子「ベラベッカ」。本来つなぎに使うイースト生地の代わりにブリオッシュ進化形生地を用いて、よりリッチな味わいに。さらにメレンゲでおおって焼き、しっとり感を長もちさせました。

ブリオッシュ進化形
〈変化形〉

A. 黒豆のミイラ

3種類の生地を一つにした、風味と食感の多層構造

〈材料〉1個分

田舎風パン・ド・ミ*	1／3本
ラムシロップ（P8）	適量
黒豆鹿の子	15g
ブリオッシュ進化形生地（P34〜／折り込み・ミキシング後の生地）	15g
クーニャマン生地（P18〜／折り込み後、パン・ド・カンパーニュ生地を貼り付けずに厚さ3.5mmにのばし、幅1.2×長さ45cmに切った生地）	1本

＊田舎風パン・ド・ミ生地（P78〜）の「分割・丸め」の工程の際に1個55gに分割して丸め、室温に20分おいたのち、長さ約24cmの棒状に成形する。30℃・湿度70％のホイロで最終発酵を1時間。スチーム1回・上火260℃・下火220℃のオーブンで7分、薄く焼き色がつくまで焼成する。

〈工程〉

▼ 成形
▼ 最終発酵（30℃・湿度70％のホイロ・1時間）
▼ 焼成（165℃のコンベクションオーブンで40分）

Check 1　成形

細長く焼いた田舎風パン・ド・ミを長さ約8cmに切り分け、切り込みを入れて開く。

田舎風パン・ド・ミを
長さ約8cmに切り
▼
横から切り込みを入れ
▼
開く
▼

ラムシロップに浸し、黒豆鹿の子とブリオッシュ進化形生地を挟み、クーニャマン生地で巻く。

ラムシロップに浸す
▼
黒豆とブリオッシュ
進化形生地をのせ、挟む
▼
クーニャマン生地を巻く
▼
巻きはじめと
巻き終わりを下にして
天板に並べる

B. 練乳バタークリームサンド

バターサンドにして
サクッとした食感を生かす

〈材料〉 1個分

ブリオッシュ進化形生地（P34～／折り込み・ミキシング後の生地） ……………………………………… 30g
洋ナシの赤ワイン煮*1 ……………………………… 15g
ローストクルミ ……………………………………… 5g
練乳バタークリーム*2 ……………………………… 5g

*1 ドライの洋ナシ適量を2～3cm角に切って鍋に入れ、洋ナシの3分の1が隠れるくらいに赤ワインをそそぐ。鍋を中火にかけ、汁けがなくなるまで煮る。
*2 バター8.1kg（つくりやすい分量、以下同）に粉糖5.4kg、練乳7kgを加えてビーターでよく混ぜる。

〈工程〉

▼ 分割・成形（15g）
▼ 焼成（150℃のコンベクションオーブンで30分）
▼ 仕上げ

Check 1　分割・成形

フッ素樹脂加工の天板にブリオッシュ進化形生地を15gずつ置き、直径6～7cmのほぼ円形に押し広げる。これを複数用意し、そのうちの半分の表面に洋ナシの赤ワイン煮とローストクルミをのせる。

生地を両手の親指で押し広げる
▼

用意した生地の半分に洋ナシの赤ワイン煮とローストクルミをのせる

Check 2　焼成

成形後すぐに焼成に入る。

しっかりと焼き込み、サブレのような食感に

Check 3　仕上げ

焼成した生地を冷凍庫で冷まし、具材をのせていない生地に練乳バタークリームをぬり、具材をのせた生地をかぶせてサンドする。

───── ブリオッシュ進化形
〈変化形〉

C. クロッカン・ブリオッシュのせ

ザクザク食感を一部
生地でおおって、W食感に

〈材料〉1個分

クロッカン生地（P25／貼り付けクーニャマンの変化形
「クロッカン」の、クーニャマン生地とクルミを合わせた
生地） ……………………………………………… 40g
ブリオッシュ進化形生地（P34〜／折り込み・ミキシング
後の生地） ………………………………………… 20g

〈工程〉

▼ 成形
▼ 最終発酵（30℃・湿度70%のホイロ・20分）
▼ 焼成（160℃のコンベクションオーブンで32分）

Check 1　成形

直径8cmのアルミケースにク
ロッカン生地を入れ、ブリオ
ッシュ進化形生地をのせる。

クロッカン生地に
ブリオッシュ進化形生地
をのせ
▼

ブリオッシュ部分を薄く
のばし、クロッカン生地
が少し見える状態に

D. ベラベッカ・マカロナーゼ

たっぷりの具材を
少量の生地でつなぐ

〈材料〉32個分

ブリオッシュ進化形生地
（P34〜／折り込み・ミキシング後の生地）……… 1kg
　┌ ドライの洋ナシ ……………………… 700g
　│ レーズン ……………………………… 250g
　│ ドライイチジク ……………………… 700g
　│ ローストアーモンド ………………… 100g
　│ ローストクルミ ……………………… 100g
A*│ ハチミツ ……………………………… 100g
　│ 赤ワイン ……………………………… 200g
　│ ピスタチオ …………………………… 100g
　│ アニスパウダー ……………………… 0.2g
　│ ナツメグパウダー …………………… 1g
　│ コリアンダーパウダー ……………… 1g
　└ クローヴパウダー …………………… 1g
　┌ 卵白 …………………………………… 5個
B │ グラニュー糖 ………………………… 100g

＊Aの材料はすべて混ぜ合わせ、室温に1晩おく。

〈工程〉

▼ 手混ぜ
▼ メレンゲをつくる
▼ 分割・成形（100g）
▼ 焼成（150℃のコンベクションオーブンで30分 ▶
　140℃で10分）

Check 1　手混ぜ

混ぜ合わせて1晩おいた、具
材となるAの材料に、ブリオ
ッシュ進化形生地を加え、生
地が全体にまんべんなく行き
わたるまで手で混ぜる。

具材にブリオッシュ
進化形生地を加え
▼

生地を具材に
もみ込むように混ぜる
▼

生地の色が見えなく
なれば混ぜ終わり

Check 2　メレンゲをつくる・分割・成形

Bの材料を合わせて泡立てメレンゲをつくる。直径8.5×深さ1cmの型にメレンゲと具材入りの生地を重ねて詰める。

卵白にグラニュー糖を
加え、しっかりと角が立つ
まで泡立てる(メレンゲ)
▼

バター(適量、分量外)を
ぬった型にメレンゲを
15gずつ入れ、
中央をへこませる
▼

具材入りの生地を100g
ずつのせて表面をならす
▼

メレンゲをさらに15g
ずつのせ、表面をならす

Check 3　焼成

成形したらすぐに焼成に入る。メレンゲにしっかりと焼き色をつける。

バゲット

― 基本の生地 ―

たま木亭のさまざまなアイテムに派生させている、店の要ともいえる生地です。たっぷりのバターや、甘く炊いたリンゴなど、濃厚な味わいの具材をたっぷりと組み合わせてもうまくマッチする、軽やかさがあります。ほどよい甘みがありつつあっさりとした味わいなので、パクパクと食べ進むことができるバゲットです。食感は、固すぎず、パリッとひと口でかみ切れるさくみがもち味。1晩冷蔵して甘みを引き出すため、"ひき"が出やすいのですが、「テロワール ピュール」を加えることで歯切れよく仕上げることができます。

バゲット
〈基本の生地〉

〈材料〉粉5kg仕込み

フランスパン用粉「リスドオル」	2.5kg	50%
フランスパン用粉「テロワール ピュール」	2.5kg	50%
水A	3.5kg	70%
モルトシロップ	10g	0.2%
塩	100g	2%
セミドライイースト	7.5g	0.15%
水B	500g	10%

〈工程〉

▼ オートリーズ
小麦粉2種類、水A、モルトシロップをミキサーボウルに投入 ▶ スパイラルミキサー・低速3分 ▶ 室温・30分

▼ ミキシング
塩を投入 ▶ 低速20秒 ▶
セミドライイーストを投入 ▶ 低速3分 ▶
足し水(水B)をしながら低速3分 ▶
高速40秒 ▶ こね上げ22℃

▼ 発酵・パンチ
室温・30分 ▶ パンチ ▶ 室温・30分 ▶ 5℃・1晩

▼ 復温・分割・丸め
260g

▼ ベンチタイム
室温・30〜40分

▼ 成形
アンシエンヌ形

▼ 最終発酵
室温・1時間

▼ 焼成
クープ3本 ▶ スチーム1回・
上火257℃・下火225℃で24分

〈つくり方〉

オートリーズ

1　リスドオル、テロワール ピュール、水A、モルトシロップをミキサーボウルに入れ、スパイラルミキサーで低速で3分こねる。そのまま室温に30分おく。

低速で3分こねた直後の状態。
材料が大まかにまとまるくらいが目安

ミキシング

2　塩を投入し、ふたたびスパイラルミキサーで低速で20秒こねる。セミドライイーストを投入して低速で3分こね、さらに水Bを少しずつ加えながら(足し水)低速で3分こねる。最後に高速で40秒こねてミキシング完了。こね上げ温度は22℃。

こね上がりは弾力があり、
生地を持ち上げても厚みがある

発酵・パンチ

3　ミキシング後の生地をばんじゅうに移し、室温に30分おいたのち、3つ折りを1回行い(パンチ)、再度室温に30分おいたのち、5℃の冷蔵庫に移して1晩おく。

復温・分割・丸め

4　生地を冷蔵庫から取り出し、生地の中心温度が17〜18℃になるまで室温におく。その後、260gずつに分割し、丸める。

ベンチタイム

5　丸めた生地を室温に30〜40分おく。

ベンチタイム後の生地

成形

6 生地を手のひらで押さえて平らにし、手前と奥から3分の1ずつ折り、さらに半分に折る。手のひらで転がして長さ45cmの、両端を細めたアンシエンヌ形にする。

生地を手のひらで押さえて平らにする
▼
手前から3分の1を奥に折る
▼
くるんと巻くようにして奥から3分の1を手前に折り
▼
クラムの気泡が縦にのびるよう、合わせ目を手で押さえて軸をつくる
▼
奥から手前に半分に折り
▼
とじ目を下にして、長さ45cmの棒状になるように手のひらで転がし

両端を細くとがらせる
▼
とじ目はきれいな一直線に仕上げる

最終発酵

7 とじ目を上にして布に並べ、ビニールでおおい、室温に1時間おく。

最終発酵後の生地

焼成

8 スリップベルトに移し、クープを3本ずつ入れ、窯入れ直後にスチームを1回入れる。上火257℃、下火225℃で24分焼成する。

クープをすばやく3本ずつ入れる

バゲットの変化形

A. クロッカンのガレット（上2点）

リーンなバゲット生地と、バターと砂糖を折り込んでクルミを合わせたリッチなクロッカン生地の風味の対比が面白いパン。クロッカン生地をのせた面を上にして焼くと、クロッカン生地はザクザクの食感に。逆にクロッカン生地を下にすると、クロッカン生地はバゲット生地に埋もれて蒸し焼きにされ、ふっくらとやわらかな食感になります。

B. もち大納言（中央右）

やわらかなバゲット生地を薄くのばすように広げ、白玉と黒豆鹿の子を包みました。パリパリと軽快な歯ざわりのクラストが、中からごろごろと出てくる具材のインパクトをよりいっそう強めます。

C. 折り込まないクーニャマン（下）

文字どおりバターを折り込まず、埋め込んでつくったクーニャマン。バターと砂糖のつやつやとしたキャラメリゼはクーニャマンそのものですが、砂糖とバターが溶け出す部分と、バゲット生地の部分の味にメリハリがあるので、あっさりと食べることができます。

バゲット
〈変化形〉

A. クロッカンのガレット

食感を豊かにする
クロッカン生地をちりばめる

〈材料〉 1個分

バゲット生地（P44〜／発酵・パンチ後、復温を経て90gに分割して丸め、室温に30分おいた生地）………… 90g
クロッカン生地（P25／貼り付けクーニャマンの変化形「クロッカン」の、クーニャマン生地とクルミと合わせた生地）……………………………………… 43g

〈工程〉

▼ 成形
▼ 最終発酵（30℃・湿度70％のホイロ・40〜50分）
▼ 焼成（165℃のコンベクションオーブンで25分）

Check 1　成形

バゲット生地を平たくのばし、クロッカン生地をのせる。

バゲット生地を手のひらで押さえて平らにし
▼

クルミと合わせたクロッカン生地をのせ、手で押さえて密着させる
▼

麺棒でのばし、直径15cmの円形に
▼

天板にのせる際、クロッカン生地を貼り付けた面を上にするか、下にするかは、好みの焼き上がり（食感）によって変える。

クロッカン生地を貼り付けた側に霧吹きで水を吹き付け
▼

天板に並べる。これはクロッカンを貼り付けた面を下にしたバージョン
▼

これはクロッカンを貼り付けた面を上にしたバージョン

Check 2　焼成

165℃のコンベクションオーブンで25分焼成する。

B. もち大納言
餅を包んで薄皮にし、食感のコントラストを創出

〈材料〉 1個分

バゲット生地（P44〜／発酵・パンチ後、復温を経て50gに分割して丸め、室温に30分おいた生地）	50g
黒豆鹿の子	60g
白玉	20g
ぶぶあられ（P8）	適量

〈工程〉

▼ 成形
▼ 最終発酵（30℃・湿度70%のホイロ・1時間15分）
▼ 仕上げ・焼成（スチーム1回・上火265℃・下火222℃で15分）

Check 1　成形
バゲット生地を手のひらで押さえて平らにし、黒豆鹿の子と白玉をのせて包む。

具材をのせて包み
▼
生地を1ヵ所に集めてとじる

Check 2　仕上げ・焼成
最終発酵後の生地の表面に霧吹きで水を吹き付けてぶぶあられをまぶし、焼成する。

C. 折り込まないクーニャマン
バターを埋め込んで、「クーニャマン」に

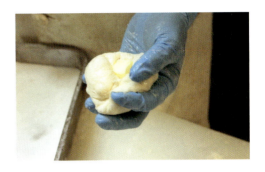

〈材料〉 1個分

バゲット生地（P44〜／発酵・パンチ後、復温を経て90gに分割して丸め、室温に30分おいた生地）	90g
有塩バター	15g
グラニュー糖	適量

〈工程〉

▼ 成形
▼ 最終発酵（30℃・湿度70%のホイロ・1時間）
▼ 焼成（165℃のコンベクションオーブンで25分）

Check 1　成形
バゲット生地の中央に有塩バターをのせ、まわりの生地を中央に集めてバターを埋め込み、グラニュー糖をまぶす。グラニュー糖をまぶした面を下にして、有塩バター（適量、分量外）とグラニュー糖（同）をのせた直径8.5×深さ1cmの型に並べる。

バターは生地に埋め込むが、その表面は見えている状態に
▼

バターが見えている側に霧吹きで水を吹き付け、グラニュー糖をまんべんなくまぶす

パート・オートリーズ・バゲット

― 基本の生地 ―

クラストとクラム、それぞれのおいしさに加えて食感の軽やかさを追求したバゲットです。粉の6割を前日のうちにこねて1晩以上ねかせ、その後、ミキシングの間にもオートリーズをとる2段構えのオートリーズ法で生地の伸展性を高め、適度にボリューム感のある口溶けのよい生地に仕上げました。粉はフランス産小麦使用の「テロワール ピュール」を50％配合し、石臼挽き粉を10％加えて歯切れよく風味豊かな生地に。フランス産小麦はクラストに水分がもどりにくいという特徴があり、パリッとした食感を長く保てます。

パート・オートリーズ・バゲット
〈基本の生地〉

〈材料〉粉25kg仕込み

フランスパン用粉「テロワール ピュール」	12.5kg / 50%
石臼挽き強力粉「グリストミル」	2.5kg / 10%
水A	8.75kg / 35%
水B	8.75kg / 35%
モルトシロップ	50g / 0.2%
フランスパン用粉「リスドオル」	10kg / 40%
ルヴァン・シェフ（P7）	750g / 3%
セミドライイースト	100g / 0.4%
塩	500g / 2%
水C	1.75kg / 7%

〈工程〉

▼ オートリーズ1
小麦粉2種類と水Aをミキサーボウルに投入 ▶
スパイラルミキサー・低速3分 ▶
こね上げ20℃ ▶ 0℃・1晩以上

▼ ミキシング1
オートリーズ1の生地、
モルトシロップを溶かした水B、
リスドオルをミキサーボウルに投入 ▶
スパイラルミキサー・低速8分

▼ オートリーズ2
ルヴァン・シェフ、セミドライイースト、
塩を投入 ▶ 室温・15分

▼ ミキシング2
低速4分 ▶ 足し水（水C）をしながら低速1分 ▶
低速2分30秒 ▶ こね上げ22℃

▼ 発酵・パンチ
室温・30分 ▶ パンチ ▶ 室温・1時間 ▶ パンチ ▶
室温・1時間30分

▼ 分割・丸め
260g

▼ ベンチタイム
30℃・湿度70％のホイロ・30分

▼ 成形
バゲット形

▼ 最終発酵
30℃・湿度70％のホイロ・1時間

▼ 焼成
クープ5本 ▶
上火270℃・下火230℃のオーブンに入れる ▶
スチーム2回・上火268℃・下火210℃で35分

〈つくり方〉

オートリーズ1

1 テロワール ピュールとグリストミル、水Aを、スパイラルミキサーで低速で3分こねる。こね上げ温度は20℃。その後、0℃の冷蔵庫に移し、1晩以上おく。

1回目のオートリーズ後の生地

ミキシング1

2 ①の生地、モルトシロップを溶かした水B、リスドオルをミキサーボウルに入れ、スパイラルミキサーで低速で8分、粉と水がなじむまでこねる。

撹拌後の粉と水がなじんだ状態

オートリーズ2

3 生地の上にルヴァン・シェフ、セミドライイースト、塩をのせ、そのまま15分おく。

2回目のオートリーズ後の状態。生地がつながり、伸展性が増す

ミキシング2

4 スパイラルミキサーで低速で4分こねる。全体がまとまって、つやが出てきたら、低速でこねながら、水Cを1分ほどかけて少しずつ加える（足し水）。水を投入後、低速で2分30秒こねる。こね上げ温度は22℃。

足し水直後
▼

足し水がなじんで生地がなめらかになり、フックにからむようになったらこね上がり
▼

こね上げた生地は通常のバゲット生地よりも粘けがあり、薄くのびる

発酵・パンチ

5　生地をばんじゅうに移し、室温に30分おく。その後、生地を奥と手前から折って3つ折りにし、左右からも3つ折りにする（パンチ）。上下を返して室温に1時間おいたのち、生地を奥と手前、左右から2回ずつ3つ折りにし（パンチ）、上下を返して室温に1時間30分おく。

生地を奥と手前、左右から折り返す（パンチ）

2回目のパンチ後、室温に1時間30分おいた生地

分割・丸め

6　生地を260gに分割する。軽く手のひらでたたいてガスを抜き、作業台の上で転がして生地の端を下側に巻き込みながら表面を張らせてなまこ形にする。

ベンチタイム

7　30℃・湿度70％のホイロに30分おく。

ベンチタイム後の生地

成形

8　生地を作業台に置き、手のひらでたたいてガスを抜く。裏返して手前から3分の1を奥に向けて折り返し、続けて奥から手前に半分に折る。さらに半分に折って、長さ45cmの棒状にする。

手のひらで生地をたたいて余分なガスを抜く
▼

裏返して手前から3分の1を奥に折り、端を押さえる
▼

奥から手前に半分に折り、とじ目を上にして親指でとじ目を押さえる
▼

さらに奥から手前に半分に折る
▼

とじ目を下にして手のひらで転がし

均一の太さにのばして長さ45cmの棒状にする

最終発酵

9　とじ目を上にして布に並べ、30℃・湿度70％のホイロに1時間おく。

焼成

10　クープを5本ずつ入れ、上火270℃・下火230℃のオーブンに入れる。窯入れ直後にスチームを2回入れ、上火268℃・下火210℃に落として35分焼く。パンの底をたたくと澄んだ音がするのが、焼き上がりの目安。

スリップベルトに移し、クープを5本ずつ入れる

パート・オートリーズ・バゲットの変化形

A. チャバタ（左中央）

こね上げたパート・オートリーズ・バゲット生地にEVオリーブオイルと水を加えて10分ほどミキシング。もともとの生地の旨みを生かして、口溶けのよいチャバタに仕立てました。

B. カマンベール・タバチェ（左上）

パート・オートリーズ・バゲット生地でカマンベールチーズを包み、端を薄くのばしてタバチェ（煙草入れ）形に成形。適度に焦げた生地のパリッとした食感とこうばしさが、チーズのやわらかさやクリーミーな味わいを際立たせます。

C. カソナードのバターバンズ（左下）

パート・オートリーズ・バゲット生地に十文字に切り込みを入れ、バターとカソナードをのせて焼いたシンプルなパンです。あらかじめ熱しておいた天板にのせて焼くことで、窯のびがよくなり、クラムはよりソフトな食感に。溶け出したバターによって揚げ焼きされた底の部分は、カリッとこうばしく仕上がります。

D. 練り込みオレンジ・チョコ包み（右）

生地対比約50％のオレンジピールを混ぜ込み、チョコレートを包んで焼いた"オレンジ風味のパン・オ・ショコラ"です。たま木亭では陳皮のように香りのよいセミドライのオレンジピールを使用しています。同様の風味を表現するには、陳皮をグラン・マルニエで香りづけするとよいでしょう。

パート・オートリーズ・バゲット
〈変化形〉

A. チャバタ

オリーブオイルを加えて水を足し、しっとりと

〈材料〉 17個分

パート・オートリーズ・バゲット生地（P52〜／ミキシング2後の生地）	2.7kg
EVオリーブオイル	75g
水	300g

〈工程〉

▼ 生地を取り分けたあとのミキシング（生地とEVオリーブオイルをミキサーボウルに投入 ▶ 低速30秒 ▶ 水を投入 ▶ 低速9分 ▶ 高速1分 ▶ こね上げ22℃）

▼ 発酵・パンチ（室温・30分 ▶ パンチ ▶ 室温・1時間 ▶ パンチ ▶ 室温・1時間30分）

▼ 分割・成形（180g）

▼ 最終発酵（30℃・湿度70％のホイロ・1時間）

▼ 焼成（十文字にクープ ▶ 上火260℃・下火230℃で16分）

Check 1　パンチ

ボリュームが出すぎないよう、軽めのパンチを2回行う。

生地を持ち上げてばんじゅうに戻し

▼

成形しやすいように形をととのえる程度に行う

Check 2　分割・成形

生地にセモリナ粉（適量、分量外）をふり、ほぼ正方形に分割する。これが成形となる。

余分な負担をかけないようばんじゅうの中で分割

B. カマンベール・タバチェ

包んで、重ねて、もちもち、カリカリに

〈材料〉 1個分

パート・オートリーズ・バゲット生地（P52〜／発酵・パンチ後、90gに分割して丸め、30℃・湿度70％のホイロに30分おいた生地）	90g
カマンベールチーズ	25g
オリーブオイル	適量

〈工程〉

▼ 成形

▼ 最終発酵（生地を重ねた面を下にして布に並べる ▶ 30℃・湿度70％のホイロ・1時間）

▼ 焼成（生地を重ねた面を上にして天板に並べる ▶ スチーム1回・上火265℃・下火240℃で18分）

Check 1　成形

パート・オートリーズ・バゲット生地を楕円形にのばし、生地の端でカマンベールチーズを包む。チーズの入っていない側の生地の先端にオリーブオイルをぬり、2つ折りにする。

生地の端にカマンベールチーズをのせて端周辺の生地で包む

▼

残りの生地を中央に集めるようにしてとじる

オリーブオイルを先端にぬり、オイルをぬった部分をチーズを包んだ生地の上に重ねる

C. カソナードのバターバンズ

熱々の天板で焼き、
ふっくらとした食感に

〈材料〉 1個分

パート・オートリーズ・バゲット生地（P52～／発酵・パンチ後、80gに分割して丸め、30℃・湿度70%のホイロに30分おいた生地） ………………………………… 80g
バター ………………………………………………… 9g
カソナード ………………………………………… 適量

〈工程〉

▼ **成形**
▼ **最終発酵**（30℃・湿度70%のホイロ・1時間）
▼ **仕上げ・焼成**（十文字に切り込みを入れる ▶ 上火265℃・下火240℃のオーブンに入れる ▶ スチーム1回・上火260℃・下火225℃で16分）

Check 1　成形
パート・オートリーズ・バゲット生地を、表面を張らせるようにして丸める。

Check 2　仕上げ
熱しておいた天板に最終発酵を終えた生地をのせ、仕上げをする。

中央にハサミで十文字に切り込みを入れ
▼

バターをのせ、カソナードをかける

D. 練り込みオレンジ・チョコ包み

オレンジピール入りの生地で
チョコを包む

〈材料〉 19個分

パート・オートリーズ・バゲット生地（P52～／ミキシング2後の生地） ……………………………………… 1kg
オレンジピール（P8） ……………………………… 520g
ダークチョコレート（P8） ………………………… 380g

〈工程〉

▼ **オレンジピールの練り込み**
▼ **発酵・パンチ**（室温・2時間 ▶ パンチ ▶ 室温・1時間）
▼ **分割・丸め**（80g）
▼ **ベンチタイム**（30℃・湿度70%のホイロ・30分）
▼ **成形**
▼ **最終発酵**（30℃・湿度70%のホイロ・1時間）
▼ **焼成**（クープ6本 ▶ スチーム1回・上火270℃・下火240℃で13分）

Check 1　オレンジピールの練り込み
パート・オートリーズ・バゲット生地を縦長の長方形にのばし、オレンジピールを半量ずつ、2回に分けて折り込む。そのつど奥と手前、左右から1回ずつ3つ折りを行う。オレンジピールが均一に混ざるまでカードで切って混ぜる。

オレンジピールを生地にのせて3つ折りに

カードで切って混ぜる

Check 2　成形
生地を手のひらで押さえて平らにし、チョコレートをのせて包む。転がして両端のとがった長さ14cmの棒状に形をととのえる。

たま木亭の厨房

スタッフが気持ちよく働ける環境をつくる

　生まれ育った京都府宇治市に、たま木亭をオープンしたのは2001年2月28日のこと。それからずっと13坪の小さな店でパンをつくり続けてきました。しかし、狭い厨房での作業中、スタッフが次々に熱中症で倒れたのをきっかけに、移転を決意。15年7月、以前の店から徒歩3分の場所に移転、リニューアルオープンしました。労働環境を改善し、スタッフが気持ちよく働ける店をつくりたい。そんな思いから新築した2階建ての店舗は、敷地面積約110坪、建坪約90坪。建物の1階には約25坪の厨房を設け、2階にはサンドイッチなどを仕込む調理室や食品庫を備えました。

　新たに厨房を設計するにあたり、もっとも重視したのは「空調」です。真夏でも快適に仕事ができるよう、高温になりやすい窯前にはスポットエアコンを設置。排熱、排気用の空調設備も最新のものを導入しました。また、大型のスパイラルミキサーや平窯、ドウコン、ショックフリーザー、包餡機などの厨房機器も増設。その結果、製造能力はこれまでの約2.5倍になりました。

　厨房機器は以前の店と同様、仕込みから焼成の流れに沿って順番に配置しています。厨房が広くなったぶん作業台を増やすこともできましたが、分割、成形などはこれまでどおり一つの作業台を囲み、スタッフみんなで行っています。そのほうが効率よく、集中して作業ができるからです。

　移転後、パンの製造量は以前の1.5倍ほどに増えましたが、ベースの生地は今も私が1人で仕込んでいます。パンのできばえは、7割は生地の仕込みで決まるもの。店は大きくなりましたが、自分の手で仕上げた納得のいく生地をお客さまにお届けしたいという考えに変わりはありません。

高たんぱくのパン

― 基本の生地 ―

とにかく食べやすい。もちもちとした弾力がありつつも、すーっと口の中で溶けていきます。メインの粉は、たんぱく質含有量14.5%の強力粉「キング」。灰分も高く、風味豊かです。高たんぱくなので、α化小麦粉を水とこねて加え、歯切れをよくしました。油脂分を加えないさっぱりとした生地のため、キャラメルソースやクリームチーズなど、ちょっと"くどい"ほど濃厚な具材を合わせても、うまくマッチします。口溶けがよく具材との一体感も生まれやすいので、さまざまなバリエーションをつくりやすいところも魅力でしょう。

高たんぱくのパン
〈基本の生地〉

〈材料〉 粉5kg仕込み

[前処理]
α化小麦粉「アルファフラワーP」	1kg / 20%
水A	1kg / 20%

[本生地]
強力粉「キング」	4kg / 80%
前処理した生地	上記より全量
塩	100g / 2%
上白糖	100g / 2%
モルトシロップ	10g / 0.2%
ビタミンC(1%水溶液)	5g / 0.1%
セミドライイースト	10g / 0.2%
前日の高たんぱくのパン生地*	1kg / 20%
ルヴァン・シェフ(P7)	250g / 5%
水B	3kg / 60%
水C	850g / 17%

＊前日に本生地のミキシングを終え、0℃の冷蔵庫に1晩以上おいたもの。

〈工程〉

▼ 前処理
 縦型ミキサー・粉が水Aを吸うまで低速で撹拌 ▶
 0℃・1晩以上

▼ 本生地のミキシング
 水C以外の材料をすべてミキサーボウルに投入 ▶
 スパイラルミキサー・低速9分 ▶ 高速3分 ▶
 足し水(水C)をしながら低速8分 ▶ 高速5分 ▶
 こね上げ22～23℃

▼ 発酵・復温・パンチ・ベンチタイム
 −2℃・1晩 ▶ 復温 ▶ パンチ ▶ 室温・15分

▼ 分割・成形
 375g・正方形

▼ 最終発酵
 室温・1時間

▼ 焼成
 十文字にクープ ▶ 上火263℃・下火220℃で20分

〈つくり方〉

前処理

1. 材料をすべてミキサーボウルに入れ、縦型ミキサーで粉が水Aを吸うまで低速で撹拌する。その後、0℃の冷蔵庫に移し、1晩以上おく。

1晩以上おいた生地

本生地のミキシング

2. 水C以外の材料をすべてミキサーボウルに入れ、スパイラルミキサーで低速で9分こね、粉と水をしっかりとつないでいく。生地がフックにからむようになったら高速にして3分こね、低速に戻し、水Cを少量ずつ加えながら(足し水)8分こねる。その後、高速で5分こねる。こね上げ温度は22～23℃。

最初に低速でこね、粉と水をしっかりとつなぐ

生地がミキサーボウルから離れるようになったら
こね上がり間近

こね上がり。生地を持ち上げると
しっかりと張りのある膜ができる

発酵・復温・パンチ・ベンチタイム

3 生地をばんじゅうに移し、−2℃の冷蔵庫に1晩おき、翌日、生地の中心温度が15℃になるまで室温におく。奥と手前、左右から折りたたみ（パンチ）、さらに室温に15分おく。

パンチ後の生地

分割・成形

4 1個375gでほぼ正方形に分割。これが成形となる。

発酵後の生地

▼

カードで手ばやく分割

▼

布に並べる

最終発酵

5 室温で1時間発酵させる。

最終発酵後の生地

焼成

6 最終発酵後の生地に十文字にクープを入れ、上火263℃・下火220℃のオーブンで20分焼成する。

クープは十文字に深く入れる

▼

焼成から19分経ったところで
天板の前後を入れ替える。写真は焼き上がり

高たんぱくのパンの変化形

A. イチゴとホワイトチョコ（上4点）

素朴なコッペパンのような見た目ですが、しっかり甘いドライイチゴやホワイトチョコレート、まったりとしたクリームチーズを挟んだ、ガツンと濃厚な味わいです。

B. レーズンとイチジク キャラメルソース（下8点）

ラム酒漬けのレーズンとドライイチジクを包んで焼き、まろやかな味わいの自家製キャラメルソースを、生地からしたたるほどたっぷりとサンド。生地はソースがしみ込んでよりしっとりします。

C. 黒豆（左中央）

ところどころに感じられる黒豆鹿の子の甘みで、高たんぱくのパン生地の旨みがよりいっそう際立ちます。黒豆鹿の子の折り込みは半量ずつ。そのつど3つ折り1回で生地に折り込み、仕上げに3つ折りを3～4回行って生地全体に行きわたらせます。

高たんぱくのパン
〈変化形〉

A. イチゴとホワイトチョコ

くどいほど濃厚な具材を
あっさり生地にぶつける

〈材料〉1個分

高たんぱくのパン生地*（P62〜／本生地のミキシング後、室温に30〜40分おき、50gに分割して丸めたあと、-2℃の冷蔵庫に1〜2晩おいた生地） ………… 50g
ホワイトチョコレート（P8） ……………………… 15g
ドライイチゴ ……………………………………… 15g
クリームチーズ …………………………………… 30g
*復温させず、そのまま成形に進む。

〈工程〉

▼ **成形**
▼ **最終発酵**（30℃・湿度70%のホイロ・50分）
▼ **焼成・仕上げ**（スチーム1回・上火265℃・下火225℃で12分）

Check 1　成形

高たんぱくのパン生地にホワイトチョコレートとドライイチゴをのせる。

生地は冷凍庫から出してすぐに成形する
▼
ホワイトチョコレートを上からぎゅっと押さえるようにしてのせる
▼
ドライイチゴをのせる
▼

生地を手ばやくとじて形をととのえる。

そっと手ばやく半分に折り

端の生地をつまんでとじて形をととのえる
▼

ラグビーボールのような細長い形に。とじ目を下にして天板に並べる

Check 2　焼成・仕上げ

焼成後、粗熱をとって、クリームチーズを挟む。

最終発酵後

焼成直前に強力粉（適量、分量外）をふる

焼成後、粗熱がとれたら横から切り込みを入れ、断面にクリームチーズをたっぷりとぬる

B. レーズンとイチジク キャラメルソース

とろとろのキャラメルを
たっぷりと吸わせる

〈材料〉 1個分

高たんぱくのパン生地＊（P62〜／本生地のミキシング後、室温に30〜40分おき、55gに分割して丸めたあと、−2℃の冷蔵庫に1〜2晩おいた生地） ……… 55g
レーズンのラム酒漬け（P8） ……………………… 25g
ドライイチジクのラム酒漬け（P8） ……………… 25g
キャラメルソース（P8） …………………………… 25g
＊復温させず、そのまま成形に進む。

〈工程〉

▼ 成形
▼ 最終発酵（30℃・湿度70％のホイロ・50分）
▼ 焼成・仕上げ（スチーム1回・上火265℃・下火225℃で12分）

Check 1　成形

高たんぱくのパン生地を手のひらで押さえて平らにし、レーズンとドライイチジクのラム酒漬けをのせて包む。

Check 2　仕上げ

焼成後、粗熱がとれたら上からやや斜めに切り込みを入れて開き、キャラメルソースを流し入れる。

切り込みを入れて開く

C. 黒豆

黒豆の甘みと生地の旨みの
メリハリを楽しませる

〈材料〉 4個分

高たんぱくのパン生地（P62〜／発酵・復温後、750gに分割した生地） ……………………………………… 750g
黒豆鹿の子 ……………………………………………… 400g

〈工程〉

▼ 具材の折り込み
▼ ベンチタイム（室温・15分）
▼ 成形（約290g）
▼ 最終発酵（30℃・湿度70％のホイロ・1時間10分）
▼ 焼成（クープ2本 ▶ 上火263℃・下火220℃で18分）

Check 1　具材の折り込み

高たんぱくのパン生地に、黒豆鹿の子を2回に分けて半量ずつ折り込む。さらに3つ折りを3〜4回行い、黒豆が生地全体に行きわたるようによく混ぜ込む。

長方形にととのえた生地の中心に黒豆を半量のせる

奥と手前から生地を3分の1ずつ折る。同様に残りの黒豆を折り込む

Check 2　成形

スケッパーで約290gずつ、正方形に分割する。これが成形となる。

ハードトースト

― 基本の生地 ―

サクッとした軽い歯切れのよさがもち味の食パンです。粉は、カナダ産の高品質な小麦からつくられている強力粉に、灰分の高い石臼挽き粉を加えて風味よく。さらにひと味のせておいしい生地にするために、前日のハードトースト生地とルヴァン・シェフを加えました。私自身がシンプルな食パンが好きなこともあって、ミルクや卵は加えていませんが、なめらかで口溶けのよい生地に仕上げるには、油脂分が不可欠。そこで、バターほど香りが強くないラードを加え、しっとり、さっくりとした食感に仕上げました。

ハードトースト
〈基本の生地〉

〈材料〉粉10kg仕込み

A ┌ 石臼挽き強力粉「グリストミル」……………… 3kg / 30%
  │ 強力粉「ビリオン」…………………………………… 7kg / 70%
  │ 水A …………………………………………………………… 7kg / 70%
  │ モルトシロップ ……………………………………… 20g / 0.2%
  │ ビタミンC（1%水溶液）…………………………… 5g / 0.05%
  │ ルヴァン・シェフ（P7）………………………… 500g / 5%
  │ セミドライイースト ……………………………… 50g / 0.5%
  │ 上白糖 ………………………………………………… 100g / 1%
  └ 塩 ……………………………………………………… 200g / 2%
前日のハードトースト生地* …………………………… 5kg / 50%
水B ………………………………………………………… 1.2kg / 12%
ラード …………………………………………………… 300g / 3%

＊前日にミキシングを終え、0℃の冷蔵庫に1晩以上おいたもの。

〈工程〉

▼ ミキシング
　Aの材料をミキサーボウルに投入 ▶
　スパイラルミキサー・低速2分 ▶
　前日のハードトースト生地を投入 ▶
　低速10分 ▶ 高速1分30秒 ▶
　足し水（水B）をしながら低速1分 ▶
　低速3分 ▶ ラードを投入 ▶ 低速40秒 ▶
　高速1分 ▶ こね上げ23℃

▼ 発酵・パンチ
　室温・1時間 ▶ パンチ ▶ 室温・1時間

▼ 分割・丸め
　800g

▼ ベンチタイム
　室温・15分

▼ 成形
　なまこ形・12×25.5×高さ12cmの角型

▼ 最終発酵
　30℃・湿度70%のホイロ・2時間

▼ 焼成
　クープ1本 ▶ 上火193℃・下火260℃で47分

〈つくり方〉

ミキシング

1　Aの材料をミキサーボウルに投入し、スパイラルミキサーで低速で2分こねる。前日のハードトースト生地を加え、低速で10分こねる。フックに生地がからむようになったら高速にして1分30秒こねる。低速に戻し、水Bを少量ずつ加えながら（足し水）1分こねる。水を加え終えてから低速で3分こね、ラードを加える。カードで生地をフック側に集めながら低速で40秒、さらに高速で1分こねる。こね上げ温度は23℃。

低速でこねて
粉と水がなじんだら
▼

前日の生地を投入
▼

低速で10分こねて生地をつなぎ、
高速に上げてコシを生み出す。写真のように
生地がほどよくつながり、のびるようになったら
▼

ミキサーボウルの中心に
細くたらすようにしながら
足し水する
▼

水が全体になじんだら、
ラードを投入
▼

引っ張ると薄く均一にのびるようになったら、
こね上がり

発酵・パンチ

2　生地をばんじゅうに移して室温に1時間おいたのち、パンチを行う。パンチは、ばんじゅうの中で奥と手前、左右から生地を折り返す作業を3～4回くり返して完了。ふたたび室温に1時間おく。

パンチのあとは生地を持ち上げてくるっと巻くように2つ折りにする

分割・丸め

3　生地を800gに分割し、表面を張らせながら手前から奥に巻いて俵形にまとめる。

ベンチタイム

4　室温に15分おく。

成形

5　生地を作業台に置き、手のひらでたたいてガスを抜く。裏返して再度たたく。手前から生地を巻き、表面を張らせながらなまこ形にする。とじ目を下にし、12×25.5×高さ12cmの角型に入れる。

手のひらで生地をたたいて余分なガスを抜き、裏返して再度たたく
▼

手前から生地を巻く
▼

生地を巻きながら表面を張らせ、型に合わせた長さのなまこ形にととのえる

最終発酵

6　30℃・湿度70%のホイロに2時間おく。

最終発酵前の生地
▼

最終発酵後の生地

焼成

7　生地の表面中央にクープを1本入れ、上火193℃・下火260℃のオーブンで47分焼く。

焼き上がったら型を台に打ち付け、すぐに型から出す

ハードトーストの変化形

A. 朝のパン（上）

オーガニックグラノーラとクルミをハードトースト生地で包み、麺棒で薄く平らに成形。さらにグラノーラとクルミをトッピングして焼成しました。ナッツの油が全体にしみて、焼き上がりはせんべいのようにこうばしく、ザクザクとした食感になります。

B. ドイツ風ベーコンパン アマニのせ（中央上）

「買いに来てよかった」と思ってほしいから、具材はたっぷりと。長さ15cmの厚切りベーコンにハードトースト生地を巻き付けるようにして成形し、健康によいといわれるアマニをローストしたものかけました。見た目はボリューミーですが、ザワークラウトの酸味がきいているので最後まで飽きずに食べられます。

C. オランダのパン（中央下）

オランダ産のゴーダチーズと、陳皮のように香りのよいセミドライのオレンジピールをたっぷり折り込んだ、旨みと酸味の詰まったパン。具材が多く成形しづらいので、切りっぱなしの状態で焼き上げます。

D. 青ネギ・カマンベール（下）

トロリととろけたカマンベールチーズ、しんなりやわらかくなった青ネギ、なめらかな口溶けのハードトースト生地、そしてパンをおおうサクサクのパン粉。揚げたての熱々のうちに、食感の楽しさを味わってほしい1品です。

ハードトースト
〈変化形〉

A. 朝のパン
グラノーラを包んでのせて薄焼きに

〈材料〉1個分

ハードトースト生地（P70〜／発酵・パンチ後、60gに分割して丸め、室温に20分おいた生地）	60g
オーガニックグラノーラ*	18g
ローストクルミ	18g
カソナード	適量

*小麦フレーク、ライ麦フレーク、オート麦フレーク、大麦フレーク、ヒマワリの種、アーモンド、レーズン、ドライイチジク、ドライナツメヤシ、ドライリンゴ入り。

〈工程〉

▼ 成形
▼ 最終発酵（30℃・湿度70%のホイロ・1時間）
▼ 仕上げ・焼成（スチーム1回 ▶ 上火265℃・下火225℃で12分）

Check 1　成形
ハードトースト生地を手のひらで押さえて平らにし、オーガニックグラノーラとローストクルミ各8gを包んで麺棒で直径約10cmの円形にのばす。生地を天板に並べ、ローストクルミ10gとフルーツ類を除いたグラノーラ10gをのせ、霧吹きで水を吹き付ける。

Check 2　仕上げ・焼成
最終発酵後、表面のグラノーラの上にカソナード適量をふり、霧吹きで水を吹き付け、焼成する。

カソナードはグラノーラがほぼ隠れるくらいたっぷりと

B. ドイツ風ベーコンパン アマニのせ
ベーコン&酢漬けの酸味でドイツの味わいに

〈材料〉1個分

ハードトースト生地（P70〜／発酵・パンチ後、60gに分割して丸め、室温に20分おいた生地）	60g
ザワークラウト	15g
ベーコン（1cm角×長さ15cm）	20g
ローストアマニ	適量

〈工程〉

▼ 成形
▼ 最終発酵（30℃・湿度70%のホイロ・1時間）
▼ 焼成（スチーム1回 ▶ 上火265℃・下火225℃で12分）

Check 1　成形
ハードトースト生地を手のひらで押さえて平らにし、ザワークラウトとベーコンを包んで棒状に成形する。霧吹きで水を吹き付け、ローストアマニを貼り付ける。

生地を楕円形にととのえ、ザワークラウトをのせる
▼
ベーコンをのせて巻き、ローストアマニをちらす

C. オランダのパン
濃厚なゴーダチーズと
オレンジピールを折り込む

〈材料〉8個分

ハードトースト生地（P70〜／ミキシング後、1kgに取り分けた生地）	1kg
オレンジピール（P8）	150g
ゴーダチーズ（角切り）	150g

〈工程〉

▼ **発酵・具材の折り込み・パンチ**（室温・30分 ▶ パンチ ▶ 具材の折り込み ▶ 室温・30分 ▶ パンチ ▶ 室温・30分）

▼ **分割・成形**（150g・正方形）

▼ **最終発酵**（30℃・湿度70%のホイロ・1時間）

▼ **焼成**（クープ1本 ▶ スチーム1回・上火225℃・下火220℃で15分）

Check 1　発酵・具材の折り込み・パンチ

ミキシング後のハードトースト生地をばんじゅうに1kg取り分け、室温に30分おき、手のひらで押さえる（パンチ）。オレンジピールとゴーダチーズを折り込み、室温に30分おいたのち、同様にパンチする。さらに室温に30分おく。

生地を手で平らにのばし、麺棒で均一な厚みの長方形にしてから折り込む

具材は半量ずつ2回に分けて加える。生地の中央にのせ、左右から折って3つ折りに

最後のパンチ後、生地をひと巻きし、巻き終わりを下にする

D. 青ネギ・カマンベール
ネギとチーズの風味が
ふっくらと揚げた生地に合う

〈材料〉1個分

ハードトースト生地（P70〜／発酵・パンチ後、60gに分割して丸め、室温に20分おいた生地）	60g
カマンベールチーズ	25g
青ネギ（小口切り）	5g
パン粉	適量
菜種油	適量

〈工程〉

▼ **成形**

▼ **最終発酵**（30℃・湿度70%のホイロ・1時間）

▼ **揚げる**（200℃の菜種油で表裏各5分30秒）

Check 1　成形

ハードトースト生地を手のひらで押さえて平らにし、カマンベールチーズと青ネギを包んで丸く成形する。表面にパン粉をまぶす。

具材を包むようにして丸め、生地端を1ヵ所にまとめてとじる

霧吹きで水を吹き付け、表面にパン粉をまぶす

田舎風パン・ド・ミ

― 基本の生地 ―

石臼挽き粉とライ麦粉を熱湯でこね、1〜2晩ねかせてから本生地に加えることで、もっちり感がありながら口溶けのよい食パンに仕上げました。粉は強力粉がメイン。グルテンがしっかりとできてまとまるのがはやい生地なので、ミキシングの後半は高速で行い、きめが細かく、なめらかな膜をつくるようにします。ルヴァン・シェフを少量加えましたが、これは風味づけというよりも生地の熟成を促すのがねらい。ルヴァン・シェフの乳酸や酢酸の働きで生地のpHが下がり、生地を熟成させる力が強まるため、粉っぽさのない、なめらかな食感の生地に仕上がります。

田舎風パン・ド・ミ
〈基本の生地〉

〈材料〉粉10kg仕込み

[前処理]
石臼挽き強力粉「グリストミル」	1.5kg / 15%
ライ麦全粒粉「特キリン」	500g / 5%
熱湯	2kg / 20%

[本生地]
強力粉「ビリオン」	8kg / 80%
前処理した生地	上記より全量
生イースト	170g / 1.7%
ルヴァン・シェフ（P7）	500g / 5%
上白糖	300g / 3%
塩	205g / 2.05%
モルトシロップ	20g / 0.2%
ビタミンC（1%水溶液）	10g / 0.1%
前日の田舎風パン・ド・ミ生地*	5kg / 50%
水A	7kg / 70%
水B	2kg / 20%
ラード	200g / 2%

＊前日に本生地のミキシングを終え、0℃の冷蔵庫に1晩以上おいたもの。

〈工程〉

▼ 前処理
　縦型ミキサー・低速3分 ▶ 高速2分 ▶
　こね上げ65℃ ▶ 0℃・1晩以上

▼ 本生地のミキシング
　水Bとラード以外の材料をすべて
　ミキサーボウルに投入 ▶
　スパイラルミキサー・低速10分 ▶
　高速2分 ▶ 足し水（水B）をしながら高速1分 ▶
　高速3分 ▶ ラードを投入 ▶ 高速1分 ▶
　こね上げ22℃

▼ 発酵・パンチ
　室温・30分 ▶ パンチ ▶ 室温・1時間

▼ 分割・丸め
　400g×2個

▼ ベンチタイム
　室温・30分

▼ 成形
　丸形×2個・12×25.5×高さ12cmの角型

▼ 最終発酵
　30℃・湿度70％のホイロ・1時間30分

▼ 焼成
　上火193℃・下火260℃で47分

〈つくり方〉

前処理

1　材料をすべてミキサーボウルに入れ、縦型ミキサーで低速で3分、高速で2分こねる。こね上げ温度は65℃。その後、0℃の冷蔵庫に1晩以上おく。

本生地のミキシング

2　水Bとラード以外の材料をすべてミキサーボウルに入れ、スパイラルミキサーで低速で10分こねる。高速に切り替え、2分こねる。生地につやと粘りが出てきたら、水Bを少しずつ加えながら（足し水）高速で1分こねる。加え終わったら高速のまま3分こねる。生地がまとまったら、ラードを加える。カードで生地をフック側に集めながら高速で1分こね、生地がフックによくからむようになったらこね上がり。こね上げ温度は22℃。

低速で10分、高速で2分こねると、生地がまとまり、つやが出てくる。ここで足し水をする
▼

足し水がなじみ、生地が写真のようにつややかにまとまったら、ラードを投入
▼

薄い膜状にとろんとのびるようになったら、こね上がり

発酵・パンチ

3　生地をばんじゅうに移して室温に30分おく。その後、パンチを行い、ふたたび室温に1時間おく。

生地をばんじゅうに移す
▼

30分後、パンチをする。ばんじゅうの中で奥と手前、左右から生地を折る。これを2〜3回行う
▼

パンチの最後に生地を持ち上げ、くるっと巻くように半分に折る
▼

パンチ後、室温に1時間おいた生地

分割・丸め

4　生地を400gに分割し、丸くまとめる。

両手で生地の端を底へ集めるようにしてまとめる

ベンチタイム

5　室温に30分おく。

成形

6　生地を手前に引くようにまわしながら、端の生地を底のほうに集めるようにして表面を張らせる。丸く形をととのえてとじ目を下にし、12×25.5×高さ12cmの角型に2個並べて入れる。

とじ目を上にして生地を置き、手前から奥に生地を折り返す
▼
生地の外側に力を入れながら、奥から手前に引くようにして生地をまわす
▼
生地を丸め、表面を張らせる

最終発酵

7　30℃・湿度70％のホイロで1時間30分発酵させる。

最終発酵前の生地
▼
最終発酵後の生地

焼成

8　表面にライ麦粉（適量、分量外）をふり、上火193℃・下火260℃のオーブンで47分焼く。焼き上がったら型を台に打ち付け、すぐに型から出す。

田舎風パン・ド・ミの変化形

A. しょうゆバターロール（上、右上）

バターを練り込むのではなく生地で包み、上から醤油をひとたらしして焼成しました。中は溶けたバターがしみ込んでとろけるような口溶けになり、外は醤油が焦げてこうばしい香りをただよわせつつ、バリッとした食感になります。コントラストが面白いパンです。

B. ゆずこしょうじゃが（右下2点）

具材は、柚子胡椒入りのバターとジャガイモ。生地でしっかりと包んで焼いているため、香りが逃げず、生地を割ると柚子胡椒の香りがふわりと広がります。

C. 岩塩パン（左2点）

丸形やコッペパン形に成形して焼くことでクラムのしっとり感や口溶けのよさ、クラストのこうばしさを際立たせたテーブルロールです。表面に岩塩をふって生地の甘みを引き立て、旨みも強調しました。

D. 一休（中央）

やわらかな酸味のクリームチーズに、ピリッと刺激的な山椒パウダーをまぶし、生地で包んでころんとした丸形に成形。米のパフをちらし、醤油をたらして焼き上げました。焦げたパフのこうばしさと食感が、生地の自然な甘さを引き立てます。

―― 田舎風パン・ド・ミ
〈変化形〉

A. しょうゆバターロール
バターを包み、醤油をひとたらし

〈材料〉1個分

田舎風パン・ド・ミ生地（P78〜／発酵・パンチ後、50gに分割して丸め、室温に30分おいた生地）……… 50g
バター ……………………………………………… 12g
醤油 ………………………………………… 大さじ1／3

〈工程〉

▼ 成形
▼ 最終発酵（30℃・湿度70%のホイロ・45分）
▼ 焼成（スチーム1回・上火265℃・下火225℃で12分）

Check 1　成形
田舎風パン・ド・ミ生地を手のひらで押さえて平らにし、バターを包む。中央をくぼませ、醤油をたらす。

生地の中央にバターをのせ、軽く押し込む
▼
端から中央に向かって生地を折り、円形にととのえる
▼
中央を指で押してくぼませ、醤油をたらす

B. ゆずこしょうじゃが
柚子胡椒の香るジャガバターを包む

〈材料〉1個分

田舎風パン・ド・ミ生地（P78〜／発酵・パンチ後、60gに分割して丸め、室温に30分おいた生地）……… 60g
ジャガイモ*1 ……………………………………… 40g
柚子胡椒バター*2 ………………………………… 8g
岩塩 ……………………………………………… 適量

*1 ジャガイモは皮付きのまま、塩適量を加えた湯でやわらかくなるまでゆで、皮をむいて軽くつぶす。
*2 バター450g（つくりやすい分量、以下同）に柚子胡椒90gを加え混ぜる。

〈工程〉

▼ 成形
▼ 最終発酵（30℃・湿度70%のホイロ・1時間）
▼ 仕上げ・焼成（スチーム1回・上火265℃・下火225℃で15分）

Check 1　成形、仕上げ
田舎風パン・ド・ミ生地を手のひらで押さえて平らにし、ジャガイモと柚子胡椒バターを包む。最終発酵後、霧吹きで水を吹き付け、岩塩をふって焼成に進む。

具材をのせ、まわりの生地を中央に集めて包む

最終発酵後、とじ目を上にして天板に並べ、岩塩をふる

C. 岩塩パン

ほどよく岩塩をふって、テーブルロールに

〈材料〉1個分

田舎風パン・ド・ミ生地（P78～／発酵・パンチ後、100g に分割して丸め、室温に30分おいた生地）……… 100g
岩塩 ……………………………………………………… 適量

〈工程〉

▼ **成形**
▼ **最終発酵**（30℃・湿度70％のホイロ・50分）
▼ **仕上げ・焼成**（岩塩をふる ▶ スチーム1回・上火265℃・下火225℃で12分）

Check 1　成形

田舎風パン・ド・ミ生地を軽く手のひらで押さえて平らにし、コッペパン形と丸形に成形する。コッペパン形は、平らにした生地を2つ折りにし、前後に転がして細長くする。丸形は、奥から手前に引くようにして生地を作業台の上でまわし、表面を張らせる。

コッペパン形は2つ折りにして
▼
転がして端を細くする
▼
丸形は表面を張らせる

D. 一休

クリームチーズ×たっぷりの山椒でパンチをきかせる

〈材料〉1個分

田舎風パン・ド・ミ生地（P78～／発酵・パンチ後、50g に分割して丸め、室温に30分おいた生地）……… 50g
クリームチーズ* ………………………………………… 25g
山椒パウダー* …………………………………………… 適量
米パフ …………………………………………………… 適量
醤油 ……………………………………………………… 少量

＊クリームチーズは球状にし、表面にまんべんなく山椒パウダーをまぶしておく。

〈工程〉

▼ **成形**
▼ **最終発酵**（30℃・湿度70％のホイロ・1時間）
▼ **焼成**（スチーム1回・上火265℃・下火225℃で12分）

Check 1　成形

田舎風パン・ド・ミ生地を手のひらで押さえて平らにし、山椒パウダーをまぶしたクリームチーズを包む。霧吹きで水を吹き付けて米パフをまぶし、醤油を少量たらす。

▼

▼

パン・コンプレ

― 基本の生地 ―

子どもからお年寄りまでストレスなく食べることができるように仕上げました。全粒粉の量は粉全体の30％にし、前日に熱処理を施すことで余計な雑味を抑制。また、ルヴァン・シェフは生地のpHを下げて生地を扱いやすくする役割として使用します。全粒粉入りながら、ボサボサとしない、しっとりとした口溶けです。加水率は100％。本生地のミキシングでは、最初に分量の7割の水を入れて低速でしっかりとつなぎ、そのあとで残り3割の水を少しずつ加えます。たっぷりの水を含みながらも、しっかりとつながった張りのあるこね上がりが理想。やわらかすぎのデロデロの状態に仕上がると、味の印象が弱まります。

パン・コンプレ
〈基本の生地〉

〈材料〉 粉5kg仕込み

[前処理]
全粒粉「キタノカオリT110」	1.5kg / 30%
熱湯	1.5kg / 30%

[本生地]
前処理した生地	上記より全量
強力粉「ビリオン」	3.5kg / 70%
塩	100g / 2%
モルトシロップ	10g / 0.2%
ビタミンC（1%水溶液）	5g / 0.1%
セミドライイースト	12.5g / 0.25%
ルヴァン・シェフ（P7）	250g / 5%
水	3.5kg / 70%

〈工程〉

▼ 前処理
縦型ミキサー・高速で粉が水を吸うまでこねる ▶ こね上げ65℃ ▶ 1℃・1晩以上

▼ 本生地のミキシング
分量の7割の水と、そのほかの材料をミキサーボウルに投入 ▶ スパイラルミキサー・低速10分 ▶ 高速3分 ▶ 足し水（分量の水の3割）をしながら高速5〜6分 ▶ 高速1分 ▶ こね上げ22〜23℃

▼ 発酵・パンチ
室温・20分 ▶ パンチ ▶ 室温・20分 ▶ パンチ ▶ 0℃・1〜2晩

▼ 分割・丸め
250g

▼ 復温・成形
丸形

▼ 最終発酵
30℃・湿度75%のホイロ・1時間30分

▼ 焼成
十文字にクープ ▶ 上火260℃・下火240℃のオーブンに入れる ▶ 上火240℃・下火225℃で25分

〈つくり方〉

前処理

1 材料をすべてミキサーボウルに入れ、縦型ミキサーで高速で撹拌する。粉が水を吸ったらこね上がり。こね上げ温度は65℃。その後、1℃の冷蔵庫に1晩以上おく。

本生地のミキシング

2 分量の7割の水と、そのほかの材料をミキサーボウルに入れ、スパイラルミキサーで低速で10分こね、粉と水をゆっくりつないでいく。生地がフックにからむようになったら高速にして3分こね、続けて残りの水を少量ずつ加えながら（足し水）高速で5〜6分こねる。仕上げに、高速で1分こねる。こね上げ温度は22〜23℃。

こね上がりは、やわらかすぎず、手でのばすと厚みのある膜が張る状態

ばんじゅうに移す

発酵・パンチ

3 室温に20分おいたのち、パンチをする。これを2回行う。その後、0℃の冷蔵庫に1〜2晩おく。

パンチ1回目。奥と手前、左右から折りたたむ

パンチ2回目。くるっと巻くように生地を1回折る

パンチを2回終えた生地。ふっくらと張りがある

分割・丸め

4　1個250gに分割する。やわらかい生地のため、軽くまとめるように丸める。

復温・成形

5　生地の中心温度が17〜18℃になるまで室温においたのち、手ばやくまとめる。

復温後の生地はさらにのびやすくなる
▼
さっと生地をつかんで
▼
手ばやく丸くまとめて布に並べる

生地はやわらかいが、張りがあり、横にダレすぎることはない

最終発酵

6　30℃・湿度75%のホイロで1時間30分発酵させる。

最終発酵後の生地
▼

スリップベルトに移す

焼成

7　生地に十文字にクープを入れ、上火260℃・下火240℃のオーブンに入れる。直後に窯の温度を上火240℃・下火225℃に下げ、25分焼成する。

クープを十文字に入れる

パン・コンプレの変化形

A. コンプレ・ヤマ（奥）

小さめの型に詰めて焼くことで生地が蒸し焼きの状態になり、味わいが凝縮されます。クラムの目が詰まるので、食感に弾力も出ます。型にふたをし、しっかりと焼き込んで角食パンにしてもきっとおいしいですよ。

B. コンプレ・アンドール（手前右）

パン・コンプレ生地を使った揚げあんパン。パン・コンプレ生地は油で揚げることで、もちもちとした弾力のある食感に変わります。クラムからは全粒粉のこうばしい香りがふんわりと立ち上ります。

C. ガレット・コンプレ（手前左）

ドライクランベリー、チョコレートチップ、クルミといった具材を生地とほぼ同量、たっぷりと包み、薄くのばして焼成。具材の油脂分や焼成直前にのせたバターが、薄くのばした生地全体に広がって、クリスピーな食感に仕上がります。

───── パン・コンプレ
〈変化形〉

A. コンプレ・ヤマ
小さな食パン型で蒸し焼きに

〈材料〉1個分

パン・コンプレ生地（P86〜/発酵・パンチ後、150gに分割して丸め、復温を経た生地・2個）……… 計300g

〈工程〉

▼ 成形
▼ 最終発酵（30℃・湿度75%のホイロ・1時間20分）
▼ 焼成（スチーム1回・上火190℃・下火268℃で25分）

Check 1　成形

復温させたパン・コンプレ生地に強力粉（適量、分量外）をたっぷりとつけて丸め、8.2×18.5×高さ8cmの角型に2個ずつ入れる。

▼

Check 2　最終発酵

30℃・湿度75%のホイロに1時間20分おく。

最終発酵後

B. コンプレ・アンドール
揚げて餅のような食感のあんパンに

〈材料〉1個分

パン・コンプレ生地（P86〜/発酵・パンチ後、60gに分割して丸め、復温を経た生地）……… 60g
粒あん ……… 50g
菜種油 ……… 適量

〈工程〉

▼ 成形
▼ 最終発酵（30℃・湿度75%のホイロ・1時間）
▼ 揚げる（200℃の菜種油で表裏各4分）

Check 1　成形

復温させたパン・コンプレ生地を手のひらで軽く押さえて平らにし、生地60gに対して、粒あん50gを包む。

粒あんをのせて包む
▼
デュラム小麦粉（適量、分量外）をふった布に並べる

C. ガレット・コンプレ

平らにのして具材の油脂分を
まんべんなく広げる

〈材料〉1個分

パン・コンプレ生地（P86〜/発酵・パンチ後、60gに分
割して丸め、復温を経た生地） ……………… 60g
チョコレートチップ ……………………………… 15g
ドライクランベリー ……………………………… 15g
ローストクルミ …………………………………… 20g
有塩バター ………………………………………… 5g
グラニュー糖 …………………………………… 2つまみ

〈工程〉

▼ 成形
▼ 最終発酵（30℃・湿度75%のホイロ・30〜40分）
▼ 仕上げ・焼成（上火265℃・下火230℃で11〜12分）

Check 1　成形

復温させたパン・コンプレ生
地にチョコレートチップ、ドラ
イクランベリー、ローストクル
ミをのせる。

生地を手のひらで
軽く押さえて平らにする
▼

片面に水を吹き付け、
チョコレートチップを
まんべんなく押し付ける
▼

ドライクランベリーと
ローストクルミをのせる

生地で具材を包み、麺棒で
のばす。

具材を包んで生地の端を
1ヵ所に集め、とじる
▼

手のひらで軽く押さえ
▼

麺棒でのばす。生地が
くっつきやすいので
手粉や打ち粉は
たっぷりと使う
▼

直径約13cmの円形に
仕上げ、天板に並べる

Check 2　仕上げ・焼成

有塩バターをのせ、グラニュ
ー糖をちらして焼成する。

最終発酵後
▼

有塩バターをのせ、
グラニュー糖をちらす

生地の派生は無限

　たま木亭の商品づくりで大切にしているのは、第一にきちんと"おいしい食事パン"をつくること。奇をてらわず、日々の生活に寄り添うような食事パンが、たま木亭の真骨頂です。パート・オートリーズ・バゲット、パン・ド・カンパーニュ、田舎風パン・ド・ミなど、多彩な顔ぶれがショーケースをにぎわせています。そうした思いが通じてか、ありがたいことに食事パンを支持してくださるお客さまは多く、食事パンを求め、それとともにさまざまな素材を組み合わせたパンも手にするといった購入パターンが大半です。そこで、食事パンだけではなく、生地と素材のコンビネーションを楽しませるパンも充実させていますが、そうしたパンにおいても、主張の強い素材をしっかりと受け止めてくれる、存在感のある生地をつくることが、いちばん大切だろうと思います。

　基本となる生地さえきちんとおいしくつくれば、アレンジの仕方は無限大。ただし、うわべを飾っただけでは表面的なおいしさで終わってしまうので、必要な手間は惜しまずに。二つ三つの要素を掛け合わせて面白みのあるパンに仕立てるのが、私のアレンジの基本です。

生地と素材をかけ合わせて、ほかにはないパンをつくる　※たま木亭の商品より抜粋

〈角食（食パン）生地で〉

おもち明太
明太子、白玉、クリームチーズを
角食生地で包み、
ぶぶあられをのせて焼成。

**おかきとベルギー産チョコの
生クリーム仕立て**
角食生地にチョコレートとクルミを
練り込み、米パフをトッピング。
焼成後、ベルギー産チョコレートと、
クレーム・ディプロマットを
サンドする。

**ブルーベリーとカステラの
フレッシュチーズ仕立て**
ブルーベリー入りの角食生地でカステラを
包み、焼成。ラムシロップをしみ込ませて
クリームチーズを挟む。

〈パン・コンプレ生地で〉

**角切りベーコンとチェダー＋
ゴーダチーズのパン**
ベーコンと2種類のチーズを、
パン・コンプレ生地で薄く膜のように
おおって焼き、パリパリの食感に。
たっぷりのチーズの油脂分が
生地全体にまわって、揚げ焼きのように。

〈クーニャマン生地で〉

ミイラ
焼いたパン・ド・カンパーニュをラムシロップに浸し、
黒豆鹿の子とアーモンドクリームを挟む。
クーニャマン生地をぐるぐる巻いてさらに焼成。

バナナのクーニャマン
平たくのばしたクーニャマン生地を
バナナチップにかぶせて焼成。生地から溶け出した
バターによりバナナチップが
キャラメリゼされ、パリッとこうばしくなる。

黒蜜りんごのクロッカン
クーニャマン生地をカットしてクルミと
合わせて型に詰めて焼き、ハチミツ、バター、
黒糖で煮たリンゴをのせて再度焼く。

〈クロワッサン生地で〉

クロワッサンたま木亭
クロワッサン生地にパン・ド・カンパーニュ生地を
薄く貼り付け、クロワッサン形に成形。
パリンとした歯ざわりに。

ハチミツと全粒粉のじゃがいもパン

― 基本の生地 ―

マッシュポテトを20％配合して、口溶けがよく、しっとり感が長く続く生地に仕上げました。風味づけとして加える全粒粉は、前日のうちに熱湯でこねて水分を浸透させることで、口あたりをなめらかに。本生地のミキシングの際はマッシュポテトを2回に分けて混ぜ、ジャガイモのほくほく感を適度に残しています。保湿と風味づけのためにハチミツを10％ほど加えていますが、甘みを強く感じさせない生地なので料理によく合います。菓子パンやそうざいパンに仕立てても、ほかにはない風味、食感の面白いパンになります。

ハチミツと全粒粉のじゃがいもパン
〈基本の生地〉

〈材料〉 粉5kg仕込み

[前処理]
全粒粉「キタノカオリT110」 ……… 500g / 10%
熱湯 …………………………………… 1kg / 20%

[本生地]
A
- フランスパン用粉「リスドオル」… 2kg / 40%
- 強力粉「ビリオン」……………… 2.5kg / 50%
- 生イースト ………………………… 150g / 3%
- マッシュポテトA* ………………… 500g / 10%
- ハチミツ …………………………… 500g / 10%
- 前処理した生地 …………………… 上記より全量
- 塩 …………………………………… 75g / 1.5%
- 水A ………………………………… 2.5kg / 50%

水B …………………………………… 250g / 5%
バター ………………………………… 500g / 10%
マッシュポテトB* …………………… 500g / 10%

*皮付きのままやわらかくなるまでゆで、皮をむいてつぶす。

〈工程〉

▼ 前処理
スパイラルミキサー・低速3分 ▶
こね上げ65℃ ▶ 0℃・1晩以上

▼ 本生地のミキシング
Aの材料をミキサーボウルに投入 ▶
スパイラルミキサー・低速2分30秒 ▶
高速9分 ▶ 足し水(水B)をしながら高速20秒 ▶
高速30〜40秒 ▶ バターを投入 ▶ 高速1分 ▶
マッシュポテトBを投入 ▶ 低速40秒 ▶
こね上げ24℃

▼ フロアタイム
室温・1時間 ▶ 1℃・10分

▼ 分割・丸め
50g

▼ ベンチタイム
-1℃・20分

▼ 成形
丸形

▼ 最終発酵
30℃・湿度70%のホイロ・1時間

▼ 焼成
スチーム1回・上火260℃・下火225℃で9分

〈つくり方〉

前処理

1 材料をすべてミキサーボウルに入れ、スパイラルミキサーで低速で3分こねる。こね上げ温度は65℃。その後、0℃の冷蔵庫に移し、1晩以上おく。

1晩おいた生地

本生地のミキシング

2 Aの材料をミキサーボウルに入れ、スパイラルミキサーで低速で2分30秒こねる。全体がなじんだら高速で9分こねる。つやが出てきたら、水Bを少量ずつ加えながら(足し水)高速で20秒ほどこねる。水Bを加え終えてから高速で30〜40秒、さらに水がなじんだらバターを加えて高速で1分こねる。生地がなめらかになったらマッシュポテトBを加え、低速で40秒こねる。こね上げ温度は24℃。

マッシュポテトは手でほぐしておく

全体がつながり、つやが出てきたら、高速で撹拌しながら足し水をする
▼

足し水を終えたら、バターを投入
▼

ジャガイモが生地になじんでしまわないうちにミキシングを終了。ジャガイモの食感を残す

フロアタイム

3　生地をばんじゅうに移し、室温に1時間おく。その後、1℃の冷蔵庫に10分おいて生地を締める。

ミキシング後の生地
▼
フロアタイム後の生地

分割・丸め

4　生地を50gに分割し、転がして丸める。

手前に引くように転がしながら、底のほうに生地を集めるようにして丸める

ベンチタイム

5　丸めた生地をプラックに並べ、-1℃の冷蔵庫に20分おく。

成形

6　手前に引くように生地を転がしながら、表面を張らせる。

最終発酵

7　とじ目を下にして生地を天板に並べ、30℃・湿度70%のホイロに1時間おく。

最終発酵前の生地
▼
最終発酵後の生地

焼成

8　上火260℃・下火225℃のオーブンに入れる。スチームを1回入れ、9分焼く。

ハチミツと全粒粉のじゃがいもパンの変化形

A. 3種のチーズのガレット（上）

チェダーチーズ、ゴーダチーズ、ブルーチーズ、ラム酒漬けのレーズンを、ハチミツと全粒粉のじゃがいもパン生地で包み、麺棒で平らにして焼成。生地を薄くすることで濃厚なチーズの存在感を際立たせました。周囲に溶け出したチーズのカリカリ感が食感のアクセント。ワインやビールにもよく合います。

B. チョリソーの揚げパン（中央左）

長さ8cmのスパイシーなチョリソーをハチミツと全粒粉のじゃがいもパン生地で巻き、菜種油でカラッと揚げました。成形の際に、生地を転がすようにのばして表面を張らせておくと、全体がきれいに膨らみます。

C. じゃがいもクリームパン（中央右）

「サツマイモにカスタードクリームが合うのだから、ジャガイモにも合うに違いない」。そんな思いつきから、自家製の濃厚なカスタードクリームをたっぷり詰めてクリームパンに仕立てました。

D. ちぎりパン（下）

生地の中身は、ダークチョコ、ホワイトチョコ、粒あん、ダークチョコ＆ラムレーズンの4種類。それぞれを4個ずつ4列に並べて焼き上げました。大勢でわいわい楽しく食べてほしい、"おやつパン"です。

ハチミツと全粒粉のじゃがいもパン〈変化形〉

A. 3種のチーズのガレット

チーズとラムレーズンを包んでのばし、甘辛に

〈材料〉1個分

ハチミツと全粒粉のじゃがいもパン生地(P96〜／フロアタイム後、70gに分割して丸め、-1℃の冷蔵庫に20分おいた生地)	70g
チェダーチーズ(角切り)	15g
ゴーダチーズ(角切り)	15g
ブルーチーズ(角切り)	15g
レーズンのラム酒漬け(P8)	10g

〈工程〉

▼ 成形

▼ 最終発酵(30℃・湿度70%のホイロ・1時間)

▼ 焼成(スチーム1回・上火260℃・下火225℃で10分)

Check 1　成形

ハチミツと全粒粉のじゃがいもパン生地を、手のひらで押さえて平らにする。3種類のチーズとレーズンのラム酒漬けをのせ、具材を押し込むように包んでとじる。麺棒で直径14cmの円形にのばす。

B. チョリソーの揚げパン

包んで揚げて、アメリカンドッグ風に

〈材料〉1個分

ハチミツと全粒粉のじゃがいもパン生地(P96〜／フロアタイム後、70gに分割して丸め、-1℃の冷蔵庫に20分おいた生地)	70g
チョリソー(長さ8cm)	1本
菜種油	適量

〈工程〉

▼ 成形

▼ 最終発酵(30℃・湿度70%のホイロ・1時間)

▼ 揚げる(170℃の菜種油で表裏各3分30秒)

Check 1　成形

ハチミツと全粒粉のじゃがいもパン生地を、手のひらで押さえて平らにし、中央にチョリソーをのせて包む。手で転がして生地の表面を張らせる。

C. じゃがいもクリームパン

カスタードクリームを
たっぷり包む

〈材料〉 1個分

ハチミツと全粒粉のじゃがいもパン生地(P96〜/フロアタイム後、60gに分割して丸め、−1℃の冷蔵庫に20分おいた生地) ……………………… 60g
カスタードクリーム(P8) ……………… 60g

〈工程〉

▼ 成形
▼ 最終発酵(30℃・湿度70%のホイロ・1時間)
▼ 焼成(スチーム1回・上火260℃・下火225℃で11分)

Check 1　成形

ハチミツと全粒粉のじゃがいもパン生地を、手のひらで軽く押さえてガスを抜き、麺棒で10×12cmの楕円形にのばす。カスタードクリームを60gずつ絞り、2つ折りにして合わせ目をとじる。

D. ちぎりパン

具材の異なる生地を
ずらりとつなげて一つに

〈材料〉 1個分

ハチミツと全粒粉のじゃがいもパン生地(P96〜/フロアタイム後、30gに分割して丸め、−1℃の冷蔵庫に20分おいた生地・16個) ……………… 計480g
ホワイトチョコレート(P8) ……………… 28g
ダークチョコレート(P8) ………………… 48g
レーズンのラム酒漬け(P8) ……………… 20g
粒あん ……………………………………… 60g

〈工程〉

▼ 成形
▼ 最終発酵(30℃・湿度70%のホイロ・1時間)
▼ 焼成(スチーム1回・上火260℃・下火225℃で15分)

Check 1　成形

ハチミツと全粒粉のじゃがいもパン生地を、手のひらで押さえて平らにする。ホワイトチョコレートを7g包んだものを4個つくり、天板に1列に並べる。次に粒あんを15g包んだものを4個つくり、ホワイトチョコレート入り生地に接するようにして同様に並べる。続いてダークチョコレートを7g包んだものを4個つくり、粒あん生地に接するようにして同様に並べる。最後にレーズンのラム酒漬け5gとダークチョコレートを5g包んだものを4個つくり、ダークチョコレート入り生地に接するようにして同様に並べる。

ダークチョコレートとレーズン入りの生地

ほうじ茶パン

― 基本の生地 ―

あるテレビ番組が縁で宇治の老舗茶商「中村藤吉本店」さんとコラボすることになり、開発した"お茶菓子パン"です。パウダー状のほうじ茶をたっぷりと練り込んだ生地は風味が強く、そのままだとお茶の苦みがストレートに出てしまうので、分割・丸め後に低温で16～20時間ねかせてから成形し、焼成。生地には小麦デンプンを糊化させて粉末状にしたα化小麦粉を加えていますが、これはサクッと軽い食感に仕上げるため。α化小麦粉は吸水性、保湿性がよく、10％程度加えると歯ざわりや口溶けのよいソフトな生地に仕上がります。

ほうじ茶パン
〈基本の生地〉

〈材料〉粉5kg仕込み

[前処理]
α化小麦粉「アルファフラワーP」 …… 500g / 10%
水A ……………………………………… 750g / 15%

[本生地]
強力粉「ビリオン」………………………… 4.5kg / 90%
前処理した生地 …………………………… 上記より全量
前日のほうじ茶パン生地* ………………… 2kg / 40%
塩 …………………………………………… 100g / 2%
上白糖 ……………………………………… 100g / 2%
生イースト ………………………………… 100g / 2%
モルトシロップ …………………………… 10g / 0.2%
ビタミンC（1%水溶液）………………… 5g / 0.1%
ほうじ茶パウダー ………………………… 200g / 4%
水B ………………………………………… 3kg / 60%
水C ………………………………………… 1kg / 20%
ラード ……………………………………… 100g / 2%

ぶぶあられ（P8）………………………… 適量
*前日に本生地のミキシングを終え、0℃の冷蔵庫に1晩以上おいたもの。

〈工程〉

▼ 前処理
　縦型ミキサー・低速3分 ▶ 0℃・1晩以上

▼ 本生地のミキシング
　水Cとラード以外の材料を
　すべてミキサーボウルに投入 ▶
　スパイラルミキサー・低速2分 ▶
　高速6分 ▶ 足し水（水C）をしながら高速1分 ▶
　高速3分 ▶ ラードを投入 ▶ 高速2分 ▶
　こね上げ24℃

▼ 発酵
　室温・2時間

▼ 分割・丸め
　50g

▼ 冷蔵熟成
　0℃・16〜20時間

▼ 成形・仕上げ
　丸形

▼ 最終発酵
　30℃・湿度70%のホイロ・1時間

▼ 焼成
　スチーム1回・上火260℃・下火240℃で12〜13分

〈つくり方〉

前処理

1　材料をすべてミキサーボウルに入れ、縦型ミキサーで低速で3分こねる。発酵しない生地のため、こね上げ温度は何℃でもよい。その後、0℃の冷蔵庫に移し、1晩以上おく。

本生地のミキシング

2　水Cとラード以外の材料をすべてミキサーボウルに入れ、スパイラルミキサーで低速で2分、高速で6分こねる。生地に粘りが出てフックにからむようになったら、水Cを少量ずつ加えながら（足し水）高速で1分こねる。水を加え終えてから、高速で3分こねる。生地につやが出たら、ラードを投入する。なめらかでつやのある状態になるまで高速で2分こねる。こね上げ温度は24℃。

ミキサーボウルに水Cとラード以外の材料を入れてこねる
▼
生地がフックにからむようになったら水Cを足す
▼
つやが出たらラードを加える
▼
つややかで、粘りのある状態になったらこね上がり

発酵

3 　生地をばんじゅうに移し、室温に2時間おく。

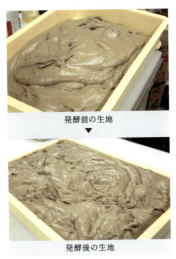

発酵前の生地
▼
発酵後の生地

分割・丸め

4 　生地を50gに分割し、作業台の上で転がすようにして丸める。

冷蔵熟成

5 　丸めた生地をプラックに並べ、0℃の冷蔵庫に16〜20時間おく。

冷蔵前の生地
▼
冷蔵後の生地

成形・仕上げ

6 　手のひらで生地を底に集めるようにして丸める。霧吹きで水を吹き付け、ぶぶあられをのせる。

水分が多く、ベタつくため、打ち粉をしたプラックに生地を移してから成形する

最終発酵

7 　30℃・湿度70%のホイロで1時間発酵させる。

最終発酵前の生地
▼

最終発酵後の生地

焼成

8 　スチームを1回入れた上火260℃・下火240℃のオーブンで12〜13分焼く。

ほうじ茶パンの変化形

A. 揚げおもちチョコレート（左上）

チョコレートと白玉をほうじ茶パン生地で包み、菜種油で揚げてカソナードをまぶした濃厚な味わいの揚げパンです。分割・丸め後、冷蔵で熟成させるほうじ茶パン生地は復温させないほうが扱いやすいので、0℃の冷蔵庫から取り出したらすぐに成形します。

B. クリームチーズ×ダッチトッピング（左中央）

「ダッチトッピング」とは、上新粉でつくった生地を生イーストで発酵させた上がけのこと。クリームチーズを包んだほうじ茶パン生地の表面にダッチトッピングをし、充分に乾燥させてから焼くことで、カリッとこうばしく歯ざわりのよいパンに仕上がります。

C. ほうじ茶のボストーク（左下）

ほうじ茶パン生地をなまこ形に成形して焼成。これをスライスしてラム酒入りのシロップをしみ込ませ、アーモンドクリームとスライスアーモンドをのせて焼きました。ほうじ茶の香りや苦みがアーモンドの風味に負けずに主張する、焼き菓子的な雰囲気のパンです。

D. ほうじ茶のこげパン（右）

しっかりと焼き込んで水分をとばしたほうじ茶パンをひと口大にカット。バターと砂糖をまぶし、低温でさらに焼きました。カリカリとした食感とこうばしいお茶の香りがあとをひくラスクです。

———— ほうじ茶パン
〈変化形〉

A. 揚げおもちチョコレート

ほうじ茶の苦みと
チョコの甘さが好相性

〈材料〉1個分

ほうじ茶パン生地（P104〜／冷蔵熟成後の生地）	50g
ダークチョコレート（P8）	12g
白玉	15g
菜種油	適量
カソナード	適量

〈工程〉

▼ 成形
▼ 最終発酵（室温・1時間）
▼ 揚げる（200℃の菜種油で表裏各4分30秒）
▼ 仕上げ（カソナードをまぶす）

Check 1　成形

ほうじ茶パン生地を冷蔵庫から取り出し、すぐに手のひらで押さえて平らにととのえる。ダークチョコレートと白玉を包んでとじる。

Check 2　揚げる

200℃の菜種油で表と裏それぞれ4分30秒ずつ揚げる。

B. クリームチーズ×ダッチトッピング

ダッチ生地で
パリッとこうばしく

〈材料〉1個分

ほうじ茶パン生地（P104〜／冷蔵熟成後の生地）	50g
クリームチーズ	25g
ダッチ生地*	適量

＊上新粉250g（つくりやすい分量、以下同）、生イースト9g、上白糖10g、水340g、ラード40gを混ぜ合わせ、室温に2時間おいて発酵させる。その後、0℃の冷蔵庫に1晩おく。発酵が進みすぎると色づきが悪くなるため、翌々日までに使いきる。

〈工程〉

▼ 成形
▼ 最終発酵（室温・1時間）
▼ 焼成（スチーム1回・上火265℃・下火240℃で15分）

Check 1　成形

ほうじ茶パン生地を冷蔵庫から取り出し、すぐに手のひらで押さえて平らにし、クリームチーズを包む。ダッチ生地をつける。

生地のとじ目側を上にして持ち、ダッチ生地に浸す

Check 2　最終発酵

最終発酵中にダッチ生地をしっかりと乾かす。

たま木亭
〒611-0011
京都府宇治市五ヶ庄平野57-14
TEL 0774-38-1801
営業時間／7時〜18時45分
定休日／月、火曜

―― ほうじ茶パン
〈変化形〉

D. ほうじ茶のこげパン

バターをしっかりと吸わせたこんがりラスク

〈材料〉 生地420g分

ほうじ茶パン生地（P106〜／本生地のミキシング・発酵後、60gに分割して丸め、0℃の冷蔵庫に16〜20時間おいた生地・7個）……………… 計420g
バター ……………………………………… 169g
グラニュー糖 ……………………………… 207g

〈工程〉

▼ 成形
▼ 最終発酵（30℃・湿度70％のホイロ・1時間）
▼ 焼成1（スチーム1回・上火255℃・下火230℃で29分）
▼ 仕上げ
▼ 焼成2（125℃のコンベクションオーブンで1時間20分〜1時間30分）

Check 1　成形〜焼成1

ほうじ茶パン生地を冷蔵庫から取り出し、すぐに丸形に成形する。最終発酵をとり、1度目の焼成を行う。

最終発酵後の生地
▼

焼き上がったほうじ茶パン。これをラスクに加工する

Check 2　仕上げ

焼き上げたパンをひと口大に切る。バターを火にかけて溶かし、切り分けたパンにしみ込ませる。グラニュー糖を全体にまぶす。

ハサミで3cm角程度の大きさに切る
▼
霧吹きで水を吹き付け、パンを湿らせる
▼
沸騰させたバターをまわしかけ
▼
手でよく混ぜる
▼
グラニュー糖をまぶす

Check 3　焼成2

ザクザク、ガリガリとした歯ごたえに仕上がるまで、長時間、水分をとばしながら焼成する。

C. ほうじ茶のボストーク

2度焼きで
ザクザク食感に

〈材料〉8個分

ほうじ茶パン生地（P104～／本生地のミキシング・発酵後、300gに分割して丸め、0℃の冷蔵庫に16～20時間おいた生地・2個） ……………… 計600g
ラムシロップ（P8） …………………………… 適量
アーモンドクリーム（P8） …………………… 80g
スライスアーモンド …………………………… 適量

〈工程〉

▼ 成形
▼ 最終発酵（室温・1時間）
▼ 焼成1（上火260℃・下火240℃で15～16分）
▼ 仕上げ
▼ 焼成2（185℃のコンベクションオーブンで20分）

Check 1 　成形～焼成1

ほうじ茶パン生地を冷蔵庫から取り出し、すぐになまこ形に成形する。最終発酵をとり、1度目の焼成を行う。

クラストが薄く、
大小の気泡が適度に
入ったパンに焼き上げる

Check 2 　仕上げ

焼き上げたパンを切ってラムシロップに浸し、天板に並べる。アーモンドクリームを10gずつぬり、スライスアーモンドをのせる。最後にラムシロップを少量ずつ上からかける。

厚さ2cm程度に
カットする

▼

ラムシロップに浸し、
手で押さえてシロップを
しっかりと吸わせる

▼

ほうじ茶パンの上面に、
周囲は残して
アーモンドクリームをぬる

▼

アーモンドクリームの上に
スライスアーモンドを
のせ、シロップをかける

おわりに

　たま木亭は、百貨店出店やレストランへの卸をしたことは今までに一度もありません。支店を出すことも、通販も、カフェも行わず、焼き菓子や生菓子を販売することもありません。あるのは、自分自身で管理したパン生地を用い、すべての工程にチェックを入れて焼き上げたパンを、自分の店で販売するというかたちだけです。そこには、一つひとつのパンに対する自覚と責任が発生し、スタッフにもそれを求めます。同じ方向を見て、同じ精神で、仕事の枠を超えたつくり手であってほしいと思うのです。人が人に対して、何かしたい、喜んでもらいたい、という思い。そして、それが実現できたときの達成感。「何も考えんと、気持ちをのせへんなんてロボットと一緒やで」が、私の口癖になっています。

　時代が進むにつれて、材料価格やコンプライアンスの問題など、店をとり巻く環境は厳しくなっています。そのしわ寄せが自分に来ることは覚悟していますが、それがお客さまに波及するのはできる限り避けたいと思います。素材のコストダウンや工程の簡略化による品質低下、思い描いているパンとは違う商品を提供することは決してあってはなりません。

　たま木亭にわざわざ足を運んでいただいたお客さまに、つくり手の気持ち、意気込みを感じてほしい。来てよかった、また来たいと思っていただけることが私のモチベーションになっています。スタッフも同じ気持ちであってほしいと切に願っています。

　本書の刊行にあたり、学生時代から当店に通ってくれ、熱意をもって本づくりを進めてくれた柴田書店の大坪千夏さん、そして臨場感のある写真を撮影してくれた安河内聡さんにはたいへんお世話になりました。この場を借りて厚くお礼申し上げます。

玉木 潤　たまき じゅん

1968年京都府宇治市生まれ。実家はパン店。京都センチュリーホテルなどでパンづくりを学んだのち、㈱ドンクに入社。京都市内の工場などで製造に携わる。ドンク入社から10年後に独立し、2001年2月に「たま木亭」を京都府宇治市にオープン。15年7月、至近の場所に移転し、リニューアルオープンを果たした。

撮影　安河内 聡
デザイン　近藤正哉・両澤絵里（KINGCON DESIGN キングコンデザイン）
取材・編集　大坪千夏、吉田直人、諸隈のぞみ

＊本書は柴田書店MOOK「カフェ・スイーツ」157号〜168号に
掲載された連載「たま木亭のパン 私はこうつくる」の記事をもとに、
新規取材を加えて構成したものです。

忘れられないパン 「たま木亭」
〜基本の生地とバリエーション〜

初版発行　2016年7月15日
2版発行　2018年9月15日

著者Ⓒ　玉木 潤

発行者　丸山兼一
発行所　株式会社 柴田書店
　　　　〒113-8477　東京都文京区湯島3-26-9　イヤサカビル
　　　　☎03-5816-8282（営業部／注文・問合せ）
　　　　　03-5816-8260（書籍編集部）
　　　　www.shibatashoten.co.jp

印刷・製本　凸版印刷株式会社
ISBN　978-4-388-06241-6
　　　本書収録内容の無断転載・複写（コピー）・引用・
　　　データ配信等の行為は固く禁じます。
　　　乱丁・落丁本はお取り替えいたします。
　　　Printed in Japan